JN050205

シードブック

子育て支援演習

SEED

太田光洋　編著

江村綾野・岡田健一・小山　顕・高下　梓・寺井知香
中山智哉・姫田知子・平澤一郎・二方龍紀　共著

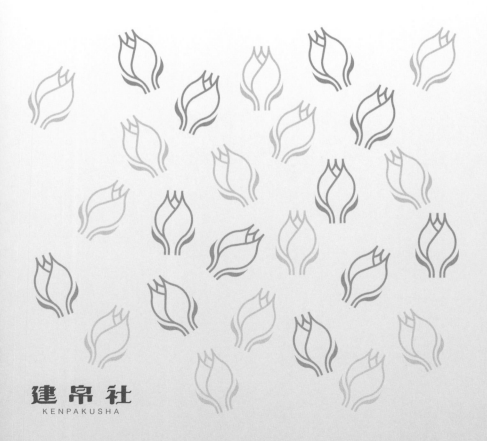

建帛社
KENPAKUSHA

はしがき

　2018（平成30）年4月に保育士養成課程が改正され，保育士資格の取得において「子育て支援（演習1単位）」の履修が必修になりました。これまでの保育所における保育相談支援が定着し，保育士が行う支援の専門性と特性が明らかになってきたことの成果といえるでしょう。しかし，子育て支援の定着とともに，子育てにともなう保護者のさまざまな困難や子どもの育ちへの影響など，その相談や支援に求められる内容には複雑さと難しさが増し，保育士だけでなく幼稚園教諭など（以下，保育者）にも，さらなる力量が求められるようになってきています。

　子育て支援は，子育てを支援することを通して子どもの最善の利益の実現をめざし，日常の保育を土台とした保育者と保護者の信頼関係を基盤として機能するものです。そして，「保育を土台」とするところに保育者による子育て支援の特性が内在しています。子育て支援は保育を別の角度からとらえる新たな視座を提供してきました。この新たな視座から保育をとらえ直すと，これからの保育は，「子どもを育てる」ことだけでなく，「保護者を支えながら，一緒に協力して子どもを育てる」ことを大切にする「とも育て」が大きな流れになっていくと考えられます。

　こうした保育と保育者に求められる実践力への展望を持ちながら，本書は，大きく2つの観点から構成されています。

　1つは，子育ての現状と子育て支援の基本をふまえた上で，保育士の専門性にもとづく保護者に対する支援の特性と展開のポイントについて理解を深めることです。

　2つめは，子育て支援の方法について学んだ知識を活用して，保育の現場でよくみられる事例をもとに演習に取り組み，主体的な学びを通して支援の実際についての具体的理解を深め実践力の向上を図るものです。

　本書が，今後の保育者の養成と子育て支援を実践する保育者に広く活用され，子どもにも保護者にもあたたかいこれからの保育の実現に寄与できることを願っています。

　2021 年 7 月

編著者を代表して
太田光洋

SEED

も く じ

iii

（1）家事・育児に休日はない？……………………………… 19
（2）保護者は，「心の余裕」がなくなっている？ ……………… 20
（3）子育て家庭で余裕がないのは，時間だけではない………… 21
3. 支援のニーズと対応 ……………………………………… 22
（1）保育者ができることは大きい—問題解決のために「つなげる」支援—
………………………………………………………………… 22
（2）日常の保育の中で気づくこと…………………………… 23
（3）「子育て」は，一つの家庭の中だけで完結しない営み ………… 24

第3章　子育ち・子育てを支える支援の計画・実践・評価 ……… 26
1. 保育所保育指針における子育て支援の基本 ………………… 26
（1）土台としての信頼関係の構築と保護者の理解………… 26
（2）保護者の姿から潜在的な子育て課題を共有する………… 27
（3）保育所等における支援と保育者のもつ専門性………… 28
2. 子どもおよび保護者の状況・状態の把握 ………………… 29
（1）気になる姿と支援プロセスの記録………………… 29
（2）記録の内容と様式……………………………………… 30
3. 支援の計画と実践 …………………………………………… 33
（1）支援の流れ………………………………………………… 33
（2）支援計画の前提となる子育て・子育ち状況の把握（事前評価）… 34
（3）支援の計画……………………………………………… 36
（4）支援の実践・記録・評価・カンファレンス……………… 37
3. 職員間の連携と協働 ………………………………………… 37

第4章　社会資源の活用と関係機関等との連携・協働 ……………… 39
1. 社会資源とは何か ………………………………………… 39
（1）社会資源 ………………………………………………… 39
（2）社会資源と保育所……………………………………… 40
（3）社会資源の活用………………………………………… 40
2. 子育て・子育ちを支える社会資源と専門職 ……………… 42
（1）在園児の家庭が利用する社会資源……………………… 42
（2）地域の子育て世帯が利用する社会資源………………… 44
（3）保護者向けの社会資源………………………………… 45

（4）保育所が連携する機関・社会資源‥‥‥‥‥‥‥‥‥‥‥‥‥‥ *46*

（5）子育て・子育ちに関する専門職‥‥‥‥‥‥‥‥‥‥‥‥‥‥ *47*

3．関係機関や専門職との連携 ‥‥‥‥‥‥‥‥‥‥‥‥‥‥‥‥‥ *48*

（1）連携に必要な事項‥‥‥‥‥‥‥‥‥‥‥‥‥‥‥‥‥‥‥‥ *48*

（2）社会資源の活用・関係機関との連携の実際‥‥‥‥‥‥‥‥‥ *50*

第5章　とも育てを支える相談支援の基礎‥‥‥‥‥‥‥‥‥ *54*

1．子育て支援における相談支援 ‥‥‥‥‥‥‥‥‥‥‥‥‥‥‥ *54*

（1）相談支援とは‥‥‥‥‥‥‥‥‥‥‥‥‥‥‥‥‥‥‥‥‥ *54*

（2）保育者の専門性を生かした支援‥‥‥‥‥‥‥‥‥‥‥‥‥ *55*

（3）相談内容‥‥‥‥‥‥‥‥‥‥‥‥‥‥‥‥‥‥‥‥‥‥‥ *55*

（4）相談場面‥‥‥‥‥‥‥‥‥‥‥‥‥‥‥‥‥‥‥‥‥‥‥ *55*

2．支援者の基本的な態度 ‥‥‥‥‥‥‥‥‥‥‥‥‥‥‥‥‥‥ *57*

（1）バイステックの7原則‥‥‥‥‥‥‥‥‥‥‥‥‥‥‥‥‥ *57*

（2）ロジャーズの3つの条件‥‥‥‥‥‥‥‥‥‥‥‥‥‥‥‥ *57*

3．相談支援のプロセス（流れ）‥‥‥‥‥‥‥‥‥‥‥‥‥‥‥ *58*

4．相談支援の方法 ‥‥‥‥‥‥‥‥‥‥‥‥‥‥‥‥‥‥‥‥‥ *60*

（1）相談支援技法とは‥‥‥‥‥‥‥‥‥‥‥‥‥‥‥‥‥‥‥ *60*

（2）非言語的コミュニケーション技法‥‥‥‥‥‥‥‥‥‥‥‥ *60*

（3）言語的コミュニケーション技法‥‥‥‥‥‥‥‥‥‥‥‥‥ *62*

（4）相談者の感情を理解する‥‥‥‥‥‥‥‥‥‥‥‥‥‥‥‥ *65*

事例検討①：発達相談のロールプレイ‥‥‥‥‥‥‥‥‥‥‥‥‥ *67*

事例検討②：子どもとのかかわり方の相談のロールプレイ‥‥‥‥ *68*

事例検討③：「プランニング（支援計画の作成）」をする‥‥‥‥ *69*

実践演習：ロールプレイ（自由テーマ）‥‥‥‥‥‥‥‥‥‥‥‥ *71*

第6章　とも育てを進める保育の場（園）における支援‥‥‥‥ *72*

1．保育の場が果たす子育ての役割 ‥‥‥‥‥‥‥‥‥‥‥‥‥‥ *72*

2．保育所に通っている子どもの家庭への支援 ‥‥‥‥‥‥‥‥‥ *74*

（1）朝夕の送迎時‥‥‥‥‥‥‥‥‥‥‥‥‥‥‥‥‥‥‥‥‥ *75*

（2）連　絡　帳‥‥‥‥‥‥‥‥‥‥‥‥‥‥‥‥‥‥‥‥‥‥ *75*

（3）園通信・園だより・クラスだより‥‥‥‥‥‥‥‥‥‥‥‥ *75*

（4）保育参観・参加‥‥‥‥‥‥‥‥‥‥‥‥‥‥‥‥‥‥‥‥ *76*

    （5）園 行 事………………………………………………………… *76*

  3. 多様化する保育と支援のニーズ ………………………………… *77*

    （1）延長保育……………………………………………………… *77*

    （2）一時保育……………………………………………………… *78*

    （3）休日保育……………………………………………………… *78*

    （4）夜間保育……………………………………………………… *78*

    （5）病児保育……………………………………………………… *78*

  事例検討④：生活リズムが不安定で，忘れ物が多い家庭への支援……… *80*

  事例検討⑤：一時保育を利用する育児不安を抱える母親………………… *82*

第7章　地域の子育て家庭に対する支援 ……………………………… *84*

  1. 地域の子育て家庭のニーズに対する支援 ……………………… *84*

  2. 地域の親子に対する支援を行う社会資源 ……………………… *85*

    （1）地域の子育て支援を担う人とその専門性…………………… *85*

    （2）保育・幼児教育施設の特性を生かした子育て支援………… *87*

    （3）保育者の専門性を生かした場づくりと支援………………… *91*

  事例検討⑥：イヤイヤが激しい子どもとその母親への支援…………… *92*

第8章　気になる子ども・障害のある子どもとその家族に対する支援

………………………………………………………………………… *94*

  1. 気になる子ども・障害のある子ども ………………………… *94*

    （1）気になる子どもとは………………………………………… *94*

    （2）気になる子ども・障害のある子どもの理解と支援………… *94*

  2. 子どもの姿の受容と園での過ごしやすい環境 ……………… *97*

    （1）ありのままの子どもの姿の受容…………………………… *97*

    （2）園での過ごしやすい環境…………………………………… *98*

  3. 保護者の理解と保護者支援 …………………………………… *98*

    （1）保護者の心理………………………………………………… *98*

    （2）保護者との信頼関係………………………………………… *99*

    （3）保護者の気持ちの受容……………………………………… *99*

  4. 社会資源との連携・小学校への接続 ……………………… *100*

    （1）保育所等と並行して利用する社会資源…………………… *100*

    （2）小学校への接続と就学相談………………………………… *101*

事例検討⑦：保護者支援の前提—気になる子どもが園で生き生き過ごせる工夫··· *102*

事例検討⑧：否認の気持ちが強い保護者とつながる工夫·············· *104*

第9章　特別な配慮を要する子どもとその家族に対する支援 ········ *106*

1. 外国にルーツをもつ家庭に対する支援 ················· *106*

(1) 外国にルーツをもつ家庭の現状と保育················ *106*

(2) コミュニケーションに関する支援················ *106*

(3) 外国にルーツをもつ家庭における子育てのニーズと支援········· *108*

2. 貧困家庭に対する支援 ················· *108*

(1) 貧困とは················ *108*

(2) 子どもの貧困対策と家庭への支援················ *110*

3. 親子への支援を行う社会資源，福祉政策等との連携 ·············· *112*

(1) 外国にルーツをもつ家庭にかかわる社会資源·············· *112*

(2) 貧困家庭にかかわる社会資源·············· *112*

事例検討⑨：日本語がわからない保護者や子どもとのコミュニケーション

················· *114*

事例検討⑩：生活に困窮し，子育てに向き合えない家庭への支援········ *116*

第10章　多様な支援ニーズを抱える家庭の理解と支援················ *118*

1. ひとり親家庭，ステップファミリー，母親の病気等の理解と支援 ··· *118*

(1) ひとり親家庭················ *118*

(2) ステップファミリー················ *119*

(3) 母親の病気等（母親のメンタルヘルス）··········· *120*

2. アレルギー疾患，多胎児，低出生体重児，慢性疾患のある子ども等の
　　理解と支援 ················· *121*

(1) アレルギー疾患················ *121*

(2) 多 胎 児················ *122*

(3) 低出生体重児················ *123*

(4) 慢性疾患················ *124*

3. 関係機関（かかりつけ医，母子生活支援施設等），福祉政策等との連携

················· *124*

事例検討⑪：がんばるシングルマザー〜ひとり親への支援〜·········· *126*

第11章　子ども虐待の予防と対応（DVを含む）　128

1. 虐待とは　128
   (1) 虐待の分類　128
   (2) 子ども虐待の概況　129
2. 虐待の発見・予防・対応　129
   (1) 虐待の発見　129
   (2) 虐待の予防　130
   (3) 虐待への対応　132
3. 保育者の役割（通報から保護，その後も含めて）　133
   (1) 保育所等（保育者）ができること　133
   (2) 保育所等（保育者）にはできないこと　134
   事例検討⑫：保育所でマルトリートメントがみられる事例　136

第12章　要保護児童等の家庭に対する支援　138

1. 要保護児童とは　138
   (1) 要保護児童の定義と現在の人数　138
   (2) 要保護児童数と養護問題発生理由の推移　139
2. 要保護児童と家庭への支援　142
   (1) 家族再統合での施設保育士の役割（親子関係再構築）　142
   (2) 要保護児童と里親を支援する施設保育士の役割（新しい家族関係の構築）　143
3. 社会的養護と乳児院・児童養護施設　144
   (1) 今後の社会的養護の方向性　144
   (2) 専門職との連携と施設保育士としての専門性　144
   事例検討⑬：虐待による要保護児童とその家族に対する支援事例　146

さくいん　148

第1章
子育ち・親育ちを支える
子育て支援と保育者の専門性

1. 子育て支援とは─子どもの最善の利益（子育て支援の基本）

（1）子育て支援とは何か

　子育て支援とは，親が安心して子育てができる環境をつくり，子どもとのかかわりを通して親としての成長を支えることによって，子どもの最善の利益を保障し，その健やかな成長を促す営みである。その際大切なことは，親（保護者）を子育ての主体として位置づけ，社会のすべての人々が協力して子育てがしやすい環境をつくることである[1,2]。なお，本書では子どもの主たる養育者について「保護者」と表記しているが，本章では生物学的な意味を含む親としての成長という観点から，「親」と表記する。

　子育て支援の実践では，親から求められる「支援ニーズ」と「子どもにとってそれがよいのか」という子どもの最善の利益が相反することがある。しかし，子育て支援は最終的に子どもの最善の利益を実現するものととらえることを基本とする。「子育て支援」は当初「親のための支援」としてとらえられがちであったが，子どもに対する視点を欠くこうしたとらえ方への懸念や批判もあり，保育者の実践の積み重ねを通してその意義が問い直されてきた[3]。

　こうした実践とそれにもとづく理論化の過程で議論されてきた重要な点がいくつかある。子育て支援の基本的な考えを共有するために，まずこれらの論点について確認することから始めたい。重要な論点とは，①親やその現状をどのようにとらえるか，②子育て支援は誰のためのどのような支援か，③子育て支

援をどのような観点からとらえるかの3点である。こうした議論を経て，冒頭に記したような定義がなされるに至ってきたことをまず押さえておきたい。以下で，これらについて考えてみよう。

（2）親やその現状をどのようにとらえるか

1）親の未熟さの要因は個々の親の問題か

　子育て支援が求められるようになった背景の一つは，子育てについて基本的なことを知らない「未熟な親」が増えてきたという指摘による。保育者の側からみると，「乳幼児とのかかわり方がわからない」，「育て方がわからず戸惑っている」といった親である。未熟な親による子育ては，乳幼児にふさわしくない育て方，育児不安，虐待などにつながるケースも懸念される。

　しかし，こうした親の未熟さは，それぞれの親の問題なのだろうか。個々の親の問題ととらえてしまうと，「親としての努力が足りない」「勝手なことをいう」といった批判を生み，次のような保育者の姿勢につながってしまう。つまり，「親としてこうあるべき」「親を指導しなければならない」といった追い詰める対応や，「親対応」という言葉に典型的なその場限りの親の要求への対応などである。これでは，親の育つ力や有能さを否定することになり，親とのよい関係づくりはもとより，それにもとづく子育て支援を行うことはできない。

　そうではなく，現代の親の姿を，その育ってきた環境，もう少し広くいえば社会の影響によるものと考えるべきであろう。核家族化が進み，世代を超えた子育ての伝承が難しくなり，子育てを身近に見たり，幼い子どもと接する機会をもたないまま親になった世代が，子育てのことを経験として知らないのは当然といえる。現在の日本は子どもや子育てについて学ぶ機会をもたないまま，言い換えれば，親として育つ環境が保障されないまま親になる社会であるととらえることが大切であろう。こうしたとらえ方が保護者に対する見方を変え，親としての育ちを支える保育者のあり方を変えることにつながるといえる。

2）親を有能な学び手，子育ての主人公としてとらえる

　親としての育ちの未熟さの要因を社会のあり方に求める立場に立つことは，

親の育ちの可能性に目を向けることにつながる。つまり，学ぶ機会を設けていくことにより親としての育ちを支えることができるということである。

　女性の就労，共働き家庭の増加，少子化による子どもの減少とともに，「子どもの過疎」といわれるように地域に子どもが減り，安心して遊べる場所がない，子どもを外に出せないといったことなどから，親も子も他の親子と交流する機会が減っている。しかし，これまでの支援の実践から，子育て支援の場に集い，他の親子の様子を間近に見たり，接する場を設けたりすることで，多くの親が「親として」成長することが明らかにされてきた。特別に何かを教えるということではなく，子どもや子育てについて学びとれる環境をつくることによって親を育てることがわかってきた。したがって，親を主体的な学び手として信頼し，適切な環境や支えを準備することで，その力が適切に発揮できるという人間観に立つことが必要であろう。こうした人間観は保育の基礎とする子ども観と同様である。保護者を"主体的に学び，育つ，子育ての主人公"としてとらえることが，親育ちを支える子育て支援の基本といえよう。私たちは，人がその準備期を含め「親として」成長するプロセスに寄り添い，必要な環境を整え，子育てについて学び，抱える子育ての困難を克服して子育ての主人公として育つことを支えるという役割を担うことを銘記しておきたい。

（3）子育て支援は誰のためのどのような支援か
1）子育て支援は子どもの最善の利益をめざす

　「子育て支援」は子どもの最善の利益をめざすものである。それは親のニーズに優先する。「親に対する子育ての支援が子どものためにならない」という指摘は，子育て支援を考えるうえで重要である。事実，保育所などで保護者から求められるままに行われる支援が子どものためにならない場合がある。例えば，必要以上に長時間子どもを預かる「サービス」は，親としての育ちを阻害し，親として子どもを育てる権利を放棄するものといえる[4]。

　親のニーズとそれに応えることがもたらす子どもにとっての意味を考えるとき，親と子のそれぞれの状況を合わせて検討することが不可欠である。それぞ

れの親子の状況をふまえて「子どもにとっての最善の利益」につながる支援が求められる。そのため，それぞれの親子の状況の個別性への配慮や支援を計画する際，親子をユニットとしてとらえる視点は欠かせない[5]。それぞれの親子（家庭）にふさわしい個別的，具体的な支援が構想・実践される必要がある。

　子育て支援の取り組みは，「親の支援」か「子どもの支援」かという二元論を超えて，親の子育てを支えることを通して「親の育ち」と「子どもの育ち」をともに保障できる支援のあり方を模索するものであるといえる。

2）子どもの権利としての「子どもの最善の利益」

　それでは，「子どもの最善の利益」とはどのようなことを指すのだろうか。子どもの権利条約（児童の権利に関する条約）を手がかりに考えてみよう。この条約は，児童の権利宣言30周年にあたる1989年に国際連合で採択され，翌年9月に発効し，日本も1994（平成6）年に158番目の締約国となり，法的拘束力をもつものとなった。

　子どもの権利条約の第3条には，「児童の最善の利益」が謳われている。

子どもの権利条約
第3条　1　児童に関するすべての措置をとるに当たっては，公的若しくは私的な社会福祉施設，裁判所，行政当局又は立法機関のいずれによって行われるものであっても，児童の最善の利益が主として考慮されるものとする。

　子どもの権利条約では，公的・私的機関を問わず，児童にかかわるすべての措置にあたっては，何よりも子どもの最善の利益を優先することが求められている。また，締約国のいずれにおいても共通に求められる国や文化を問わず子どもの普遍的な権利ととらえられている。さらに「親から分離されない権利（第9条）」，「児童の養育及び発達についての父母の責任と国の援助（第18条）」が示されていることにも注目しておきたい。子どもが両親から離されることなく育つこと，両親または法定保護者が子どもの養育の第一義的責任を有し，国がこれを援助すること，両親が働く家庭の子どもが保育（養護）を受ける権利を有することが明記されている。

　子どもの権利条約では，子どもを保護の対象としてだけでなく，権利の主体として尊重することを求めており，これらを「子どもの最善の利益」にかかわる子どもの権利として受けとめ，親子の状況を受けとめつつも，子どもの最善の利益を保障する支援のあり方が強く求められる。

3）親子を一体的にとらえる支援

　子育て支援は，子どもの最善の利益が最も優先されなければならないものであるが，それが親に対する支援を通して実現されるということが十分に尊重される必要がある。そのため，親子をユニットとしてとらえることが欠かせない。「子どものためにこうあるべき」「子育ては親の責任」ということを強調しすぎて親を追い詰めることなく，子育てに関心をもち，向き合えるように支援することを心がけたい。

　実践の場では，安易に子どもを預ける単なるサービスとしてとらえる親もいないわけではない。しかし，親を子育ての主人公として位置づけ，子育て支援を通してそれぞれの親としての育ちを支えるためには，それぞれの親の子どもとの関係性や子ども理解をふまえ，子育てのパートナーとして支援することが必要である。すべての親とこうした関係性をつくることは容易ではないが，保育者や園は専門家としてさまざまな方法を工夫し，あきらめることなく取り組むことが期待される。それぞれの親子の個別的な状況や課題を共有して，それぞれに必要な支援を可能にする関係性をつくることが求められる。

　「子どもの最善の利益」をめざす子育て支援とは，親子を一体的にとらえ，子どもの健やかな成長や発達を支えると同時に，親を支え，親が自分らしく生き，親としての育ちを支えることによって，子どもが子どもらしく生き，子どもの幸せ（福祉）を実現しようとするものといえる。そのために保育者は，親との信頼関係を深め，本音で話し合える「とも育て」のパートナーとしての関係をつくることが大切であり，それによって親は，子育ての主体として子どもにとってどのような子育てや保育のかたちがよいのかをともに考えられるように育ち，子どもにとってよりよい生育環境が保障されるといえよう。

（4）子育て支援をどのような観点からとらえるか

　これまで述べた親の状況や「誰のための支援か」といった議論の過程で，子育て支援の内容をどのような観点からとらえるかについて整理されてきた。子育て支援をとらえる観点として整理されたものが次の4つである。これらの4つはどれも大切で相互にかかわりが深く，保育や支援に携わる者が欠かすことなくすべての観点を視野に入れておくことが求められる。

1）子育ち支援

　第一は「子育ち」の支援である。子ども自身がもっている自ら育とうとする力を基礎として，子どもらしく健やかに育つよう，その成長を支える支援である。子どもがもつ幼さや未熟さが受け入れられ，愛され，守られ，規則的で，遊びや経験を大切にする子どもらしい生活をつくっていくことが求められる。

2）親育ち支援

　第二は「親育ち」の支援である。一人ひとりの「親として成長しようとする力」をもとに，子育ての主人公である親としての成長を支える支援である。それぞれが置かれている状況をふまえ，ふさわしい支援を行う必要がある。

3）親子関係支援

　第三は「親子関係」の支援である。自ら子どもとかかわったり身近で見てきた経験がない親が，子どもとの関係をどのようにつくっていくのか，気づいたり，学んだりできる支援が求められる。親子関係の安定は子どもの発達の土台であることから，親子関係を育てる視点をもつことは，親だけでなく，同時に子どもの育つ力を支えることにつながる。

4）子育て環境支援

　第四は「子育て環境」の支援である。これは子育てしやすい環境を社会全体で整備し，支える観点である（図1-1）。子育ての当事者やそれに関わる人々だけでなく，社会のすべての成員によって子育てを取り巻く環境を整える観点である。特に保育者にはこうした視点を大切にしてほしい。子育てに関心を持ち，子育てを支える人々の裾野を広げることは「社会全体での子育て」のために欠かせない視点である。

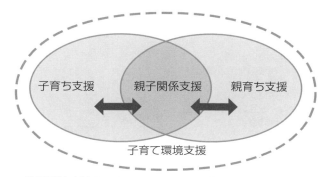

※親子関係を支援することによって，一層の子育ち・親育ちが促される。
※子育て環境の支援は，子育ち・子育てのための裾野を広げ，
　社会全体での支援の土台になる。

図1-1　子育て支援の4つの視点

　以上の4つの観点は，実践を通して明らかにされてきた現在の子育ての課題であると同時に，支援の際の無視できない観点ということができる。そしてまた，どれかが優先されるというのではなく，親子を中心に置いてこれらの観点から複眼的にとらえることが欠かせない。

2. 保育の場における子育て支援の特性

（1）子どもの保育とともに行う親への支援

　保育の場における子育て支援の大きな特徴は，保育を通して日々，当該の子どもや親と直接かかわりをもち，それが継続するという点である。毎日の保育を通して行われる支援は，非常に具体的で，それぞれの子どもの個性や保護者の様子，家庭の状況などを理解することができ，その個別性や特性にていねいに対応できる有効な支援である。保育者は，保育を通して，親に子どもの発達や子育てに関するさまざまな知識やスキルを伝えるだけでなく，子育ての喜びを共有したり，悩みを解決したりすることを支えるなどして親としての成長を支えている。保育そのものが子育て支援として機能しており，子育て困難の予

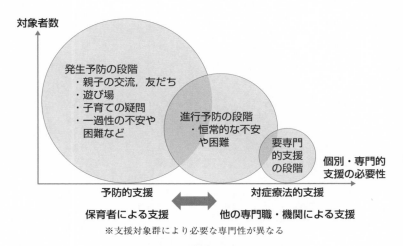

図1-2　子育て支援における予防的支援

防的機能を果たしているといえる（図1-2）。このように保育者が支援者としての役割を果たせるのは，保育者を保育の専門家として，親が信頼しているからである。それでは，次にこうした信頼関係はどのように形成されるかについて考えてみよう。

(2) 日常的・継続的なかかわりを通じた親との相互理解と信頼関係の形成

保育所や幼稚園等での親との信頼関係構築にあたっては，園が，子どもが親から離れて集団生活を送る最初の場であることを念頭に置いておきたい。これから始まる園生活で不安も多く，親として「先生」や他の親とのかかわりが初めてという人が多いということである。

そのため，親との信頼関係を築く基盤としてまず大切なことは，親の質問や疑問をていねいに聞き，応えていくことである。また，子育てで生じる親のさまざまな感情や困難などを共感的に受けとめる姿勢をもつことを常に心がけ，日常的な親との関係づくりを図りたい。

親との関係づくりでは，最初の出会いを大切にしたい。担当のクラスが決

まったら，親に対して保育者の開かれた姿勢が大切である。保育者として大切にしたいことや保育方針，一緒に子どもを育てることを呼びかけ，気づいたことや要望などがあれば遠慮なく話してもらえるよう伝えておく。話しやすく「親に対して開いておく」ことが大切である。「いつでも言ってもよい」，「聞いてもらえる」という安心感を親にもってもらいたい。自分の保育の目標に向けて努力することを伝え，協力を求めることで親は安心する。何を言われるか不安に思うかもしれないが，親から指摘を受けたことは改善していけばよい。親は最初，遠慮していることが多いため，保育者からのこうした発信を大切にしたい。

　毎日の保育では，子どもが保育所や幼稚園等に入園すると親は初めて子どもと離れた生活を送ることになる。子どもには園で楽しく過ごしてほしい，愛されて育ってほしいと願っている。子どもの園での過ごし方が気になるだろうし，先生は自分の子をどう受けとめて，どんなふうにかかわってくれているのか知りたいとも思うだろう。園での子どもの様子を伝えるには，連絡帳や手紙，子どもの作品やドキュメンテーション，ホームページやSNSなどさまざまな方法があるが，最も大切にしたいのは直接の会話である。短時間でも会話による情報量は多く，親の表情なども読み取ることができる。また，会話は，子どものことだけでなく，雑談を通して親との共通の話題などを見つけ，心理的距離を縮めるものでもある。毎日の通園や園での生活の様子に触れることは，親子の関係性や子育ての状況などを把握する手がかりになり，家庭の状況をふまえたより深い子ども理解，子育て理解にもとづく支援につながる。

（3）子ども・親が多様な他者とかかわる機会や場の提供

　保育の場は，子どもや親が多様な他者とかかわる場である。また，クラスの構成員は一定で基本的には卒園まで継続的なかかわりをもつ，親にとってはいわば「子育て仲間」である。保育の場は，これら同世代の子どもを育てる親同士が互いの子育てや子どもの姿に触れる機会を意識的につくることで親としての育ちを支える大きな力になる。自分の子どもだけを見るのではなく，周りの

親子の姿を手がかりにさまざまなことを感じ，自分の子育てに見通しをもったり，生かしていくことができる。

　また，親としての成長を考えた場合，こうした親が自分のことだけでなく，周囲の親子や保育者にも配慮し，気持ちを向けられるようになることが必要であろう。子どもも親もクラスや他者との関係性の中でみんなで暮らし，育ち合うことと感じてほしい。その機会として，保育者の仕事に触れる保育参加や行事の手伝いなどの経験の場や環境をつくることなども，子育ての視野を広げ，親の成長を促し，結果として自分勝手な要求を突きつけることを抑止することになっていくのではないだろうか。

3. 保育における相談支援の特徴と保育者の専門性

　保育所や幼稚園，子育て支援施設等は，親が小さな疑問や不安を問いかける最も身近で最初の窓口であり，子育てに関する相談は日常性という特徴をもっている。このような保育の場における親からの相談支援にはほかにもいくつかの特徴がある。保育者の専門性とのかかわりから考えてみよう。

(1)「人間関係の仕事」という専門性

　保育者の専門性（プロフェッショナリズム）は子どもをまるごととらえ，その生活を支える「人間関係の仕事」ということができる。一人ひとりの子どもを多角的にとらえると同時に，子どもをまとまりをもった総体（一人の人間）としてかかわることが求められる。村井実は，教育には「知っていないけど教える」という側面があり，そのパラドックスに気づくことによって自分の仕事に畏れと慎みをもって子どもとともに「善さ」を探求していくものが教育であるという。保育においてもわからないことが多い中で子どもを保育し親を支援する。時には手探りでよりよい方法を探さなくてはならないし，うまくいかないこともある。その時々の最善のかたちで子どもに向き合うことが大切だが，うまくいかなければそれを別の機会に取り戻すこともできる。こうした保育を支

えるのが「人間関係の仕事」という保育の特性である。保育は「技術の仕事」とは違い，担任として少なくとも1年間という時間をともに過ごす継続的で安定した人間関係のもとで行われる。だからこそ資格や免許があれば誰でもが代わってできる仕事ではなく，まさにかけがえのない仕事であるといえる。

(2) 人間関係を土台とした継続的・具体的な子どもの姿をふまえた相談・支援であること

　保育所や幼稚園等に在籍している子どもに関する相談は，前述した人間関係の仕事という特性を土台とするものであり，親子の様子や子どもの日々の姿を身近に見ながらの相談が多いのが特徴である。子育て支援センターなどの相談でも，電話相談でない限り，子どもの様子を見ながら相談することが多い。そのため，一対一で向き合う面接というよりも送迎時などに立ち話的に行うような相談が大多数を占める。また，日常の子どもの様子を手がかりに経験や感覚をもとに対応でき，親子へのかかわりを継続しながら相談を続けることができる。親の心配事に対し，保育を通して，あるいは親とのかかわりを通していろいろな方法を試しながら解決し，親を力づけることができる。こうした継続的な関係の中でよりよい方法を探していくことは保育者の専門性の一側面である。保育や子育ては，どの子ども，どの親にも当てはまる一つの正解ということがなく，安定した信頼関係のもとでそれぞれの親子にふさわしい支援を探すという側面をもっている。こうした人間理解や人を育てる支援の特性をふまえて相談に応じることが保育者には求められる。

(3) 日々の親子の生活をまるごと受けとめるジェネラリストという専門性

　保育という仕事の特色から，保育者の専門性は「総合的」「全体的」であり，保育者は広く対応できる「ジェネラリスト」と位置づけることができる。そこで求められるのは子どもや保護者を中心に置いて，広い識見や教養，バランス感覚，コーディネート力といった資質やものの見方である。すなわち，特定の領域の専門家である「スペシャリスト」とは異なる専門性をもっている。こう

した保育者の専門性についての認識は非常に重要である。高島善哉は，社会諸科学の細かい専門化が一面では学問としての進歩に見えるが，社会科学本来の意味が忘却された「人間不在の学問」になり，当時の社会 科学者が皆スペシャリストとなって「生きた思想をもたないただの技術屋となってしまった」と嘆声する。保育者の専門性を私たち自身が意識することは，保育に携わる者のあり方やスタンスを示唆するという点で重要である。

（4）保育者を核とする協働

　ジェネラリストとしての保育者に求められる支援力の一つに「専門職との協働」があげられる。保育者はその専門性から親子の生活全体を視野に入れ日々の親子の生活を見つつ総合的な観点から支援を展開するが，子どもや親自身についての相談内容によってはさまざまな職種の連携や協働が求められる。保育者は最も身近で頼りになる相談者であると同時に，子どもと一緒に生活をつくる主体でもある。このような保育者の立場を維持することが支援においては重要である。

　子ども自身が感じている必要感や生きにくさ，親が感じている難しさや悩みをそれぞれの生活環境や文脈を視野に入れてとらえ，具体的に対応し支えていくのが保育者の役割である。例えば，子どもに発達の遅れが疑われるようなケースでは，親にそのことを伝え，専門機関に相談に行くように勧めることがあるが，しばしば親との関係が難しくなることがある。親が保育者から言われたことを受け入れられない場合（障害の有無にかかわらず），親は保育者と話したり相談したりするのを避けるようになる。親は専門機関にも行かず，保育者にも相談できないため孤立してしまうことがある。保育者の側も親とのかかわりを難しく感じる。したがって，子どもの発達に心配があるような場合，例えば巡回相談に来ている相談員や主任，園長などから話してもらえるようにし，担任保育者は親の相談窓口として残しておくことがよいことが多い。保育においては，何らかの障害や発達的な遅れの有無にかかわらず，その子が過ごしやすいように工夫する。誤解をおそれずにいえば，障害などに特化した専門的な

対応にこだわるわけではない。日々の保育を行いながら，保育者が子育て中の親の一番近くにいられるようにしておくことが必要である。

(5) 具体的なアドバイスを求められる相談

　保育の場での相談では，具体的なアドバイスを求められることが少なくない。「子育て支援」が始まった頃，保育者が最も不安に感じていたのは「相談」をどう受けたらよいかという問題であった。そのため，研修などでもカウンセリングについて学ぶ機会が多くなった。カウンセリングでは，「受容」「共感」と同時に「簡単に答えを出さない」「親の自己決定」が特に大切にされる。もちろんこれらは大切であり，その方法については本書でも述べているが，保育所や幼稚園等ではカウンセラーのように親と向き合うわけではない。親子の日々の生活に向き合いながら相談も受ける。その内容は日常的で，親からするとすぐ教えてほしいこともある。また，子どもについての相談であれば，保育者自身がその問題解決に主体的に関与することもある。したがって，具体的なアドバイスや見通しを示す必要があることが少なくない。方向性として，親が自分で考え，自己選択，自己決定していくように相談を受け，支援することは重要であるが，それにこだわりすぎたり，アドバイスすることに必要以上にプレッシャーを感じなくてもよいことを理解しておいてほしい。

(6) 親の意欲や主体性を大切にする水平型の支援へ

　かつて保育者は専門家として親に指導するような縦（垂直）の関係にあり，親にもそのようにとらえられていた。しかし，現在は子育てを支えるかたちは横（水平）の関係へと変化してきている。こうした横への広がりは，親同士が子育てに関する情報や疑問を伝え合い，教え合うといった情報取得の方法の変化として今日に至っている。さらに情報収集の流れは雑誌の読者参加や SNS（ソーシャルネットワーキングサービス）などの発達によって加速され，親同士をつなぐ水平型の支援として機能している。保育者の親に対する支援としても気軽に相談できる水平型の支援，横並びの支援を心がけたい。同時に，情報の

正確性や偏りが懸念される側面もあり，それらの情報に専門家である保育者や支援者がどのように関与できるかが課題である。

　また，水平型の支援は，支援や相談のあり方を変えてきているだけでなく，その専門性のあり方にも変化をもたらしている。親の主体性を大切にしながら，親自身の「学ぼう」「知ろう」「やってみよう」とする意欲を育てることにウエイトが置かれる。こうした水平型の支援という観点から，親との関係は継続的な関係の中で展開することを前提に次の点を心がけたい。

① 親しみやすい，話しやすい雰囲気をつくる。
② 親を温かく，気長に，しかし願いをもって見守り，育てる。
③ 親との一対一の関係を基盤に関係を広げ，学び合う機会を広げる。
④ 親も主体的に動ける機会をつくる。
⑤ 親が「ちょっとやってみようかな」と思えるやり方を共に考える。
⑥ 公平に接する，対等に接する，一緒に動く。
⑦ 保育者の思い（目的や理念）をわかりやすく伝える。
⑧ 親身になって聞き，親の感じ方やとらえ方を尊重する。
⑨ 親同士の交流や皆で思いを共有する話し合いを積み重ねる。
⑩ 知らないことに関心をもちそれとなく知る，学び取れる状況をつくる。

　親との関係は，一対一の関係を基盤として広げていくが，かかわりの留意点として，園や保育者に対して理解のある協力的な親からその関係を広げていくことが大切である。公平に接するということは必ずしも同じようにかかわるということではない。親との距離が感じられたり，苦手意識があったりする親に対しては，より意識的なかかわりが必要になるであろうし，信頼関係を深めていくには相応の時間も必要である。協力的な親を中心に関係を広げていくようにしたい。

演習課題

① 園児の親と信頼関係をつくるためにあなたならどのようなことを心がけたいか，それぞれ考えて話し合ってみよう。

② 子ども・子育て支援法第59条には市町村が行う地域子ども・子育て支援事業として13事業が指定されているが，どこが主体となってどのような事業が行われているか調べてみよう。さらに，保育所が中心となって行う役割について考え，地域の関係機関との連携のあり方について考えてみよう（保育所保育指針解説（厚生労働省，2018），pp.346-347参照）。

■引用文献

1）太田光洋：「子育て支援とは何か」保育の実践と研究，スペース新社，2002，Vol.6 No.4，pp.10-19

2）大豆生田啓友：支え合い，育ち合いの子育て支援，玉川大学出版部，2006，pp.40-44

3）太田光洋：子育て支援の理論と実践，保育出版会，2016，p.9

4）池本実香：失われる子育ての時間，勁草書房，2003，pp.77-80

5）Winnicott, D. W.: The Theory of the Parent-Infant Relationship, The International Journal of Psychoanalysis, 41, 1960, pp.585-595

■参考文献

・村井実：教育学入門，講談社，1976

・高島善哉：実践としての学問，第三出版，1971

・日本保育学会編：保育を支えるネットワーク，東京大学出版会，2016

第2章
現代の家庭・子育ての状況と
求められる支援

1. 保護者や家庭の状況

（1）こんな子がいたら，どうする？

　保育者として，こんな子どもに出会ったら，どう対応するだろうか。

　　・登園してくるなり，眠そうなA君

　　・登園してくるなり，お腹が空いていて元気が出ないBちゃん

　「ああ，家でちゃんと寝てないんだ」「家で朝ご飯を食べてから来ればいいのに」，このように思う読者も多いだろう。

　「よし，子どもためにも，保護者に"ちゃんと寝かせてください""朝ご飯を食べさせてください"と言おう！」，そんなふうに思う人もいるかもしれない。

　目の前の子どもたちのことを考えて，まず，行動しようとすることは大事なことだ。しかし，そのときに少しだけ立ち止まり，問題の背景をふまえて行動すると，子どもたちにとってよりよい支援をすることができる。この問題（眠そうなA君，お腹が空いているBちゃん）の背景には，A君・Bちゃんの家庭がある。園での子どもたちの様子は，一人ひとりの子どもたちが暮らす家庭の問題につながっている。保護者の家庭生活を知り，それに寄り添うサポートをすることで保育者と家庭の関係がよくなり，子どもたちにとっても，より安心して家庭や園での生活を楽しめるようになる。

　本章では，子育て家庭の状況を確認し，それを前提として，保育者が必要な支援について考える。

（2）子育て家庭はなぜ忙しいのか

　現代社会での生活では，どこか，忙しなく，時間に追われるように，感じている人も多いのではないだろうか。特に「子育て家庭」の生活では，多くの保護者が，この「忙しさ」を感じている。アンケート調査で日常的な時間の余裕について，「忙しい」と回答する割合は，「子育て家庭」のほうが「非子育て家庭」よりも，男性でも女性でも，高いということが確認されている[1]。

　「子育て家庭」では，「職業生活」「家事」「育児」という，それぞれ異なる3つの時間枠組みがせめぎ合い，「24時間」の中に詰まっている。そうしたことが，この「忙しさ」の一因となっているといえるだろう。特に，「職業生活」の時間枠組みは，多くの人々にとって，職業生活がチームで営まれている以上，自分だけで決めることができない。万一，「職業生活」の時間が延びると，「家事」と「育児」という部分で，「24時間」の生活時間の辻褄を合わせるしかなくなる。このように，現代社会の生活は，いわば，「生活時間の戦場（生活時間の争奪戦）」となっていると言っても過言ではない。こうした「戦場」の中で，「子育て家庭」の多くの保護者が，「仕事と家庭生活の両立に苦労している」と回答している。アンケート調査では，「仕事と家庭生活の両立に苦労している」という回答の割合は，女性の場合，「子育て家庭」のほうが「非子育て家庭」よりも困難に感じている割合が高い[1]。

（3）実際，保護者の生活は，どのように営まれているのか

　子育て家庭の支援を進めるためには，子育て家庭の生活がどのようなものか，理解を深めておく必要がある。そこで，実際の状況を，調査の結果から確認し，支援のニーズについて検討していきたい。

　保育のニーズは，まず，保護者の平日の生活時間とかかわっている（早朝保育，延長保育等含む）。最近では，保護者の土日・祝日の生活の変化に合わせ，休日保育などのニーズも高まっている。ここではまず，「子育て家庭」の平日の生活時間について確認し，次に「休日」の生活時間について見てみる。

　まず，特徴が見られるのが，女性の「家事・育児時間」の長さだ（表2-1）。

表2-1　生活時間（平均）

		子育て家庭		非子育て家庭	
		男性	女性	男性	女性
睡眠時間	平日	6時間34分	6時間39分	6時間44分	6時間34分
	休日	7時間50分	7時間26分	7時間53分	7時間32分
仕事・通勤時間	平日	11時間18分	3時間11分	10時間37分	5時間02分
	休日	1時間08分	14分	1時間18分	22分
家事・育児時間	平日	1時間11分	8時間07分	58分	4時間35分
	休日	4時間44分	8時間42分	1時間28分	4時間52分
趣味時間	平日	1時間59分	2時間13分	2時間07分	3時間40分
	休日	5時間49分	3時間34分	7時間41分	6時間18分
食事・入浴・身の周りの用事などの時間	平日	2時間58分	3時間50分	3時間36分	4時間10分
	休日	4時間29分	4時間03分	5時間40分	4時間55分

（資料　藤村正之研究代表：時間資源の配分と生活の質との関連をめぐる社会学的分析，2008（平成20）年度～ 2010（平成22）年度科学研究費補助金基盤研究（C）（一般）の調査データより分析。子どもがいる回答者のうち，末子が高校生以下を「子育て家庭」，それ以外を「非子育て家庭」として分類）

　「子育て家庭」「非子育て家庭」を問わず，男性よりも女性のほうが「家事・育児時間」が長い。そのうえで，「子育て家庭」に着目してみると，「子育て家庭の女性」では，家事・育児時間が約8時間と圧倒的に長いことがわかる。「睡眠時間」と「食事・入浴・身の周りの用事などの時間」が誰でも必要な時間と考えると，「子育て家庭の女性」にとっては，それ以外の時間の約6割がこの「家事・育児時間」となる。これが毎日続くことを考えると，家事・育児の負担が重いことがわかるだろう。

　それでは，「子育て家庭」の男性はどうだろうか。男性の生活時間の特徴は，「仕事・通勤時間」が非常に長いことで，これは，「子育て家庭」「非子育て家庭」どちらについてもいえる。「子育て家庭」の男性の「仕事・通勤時間」は，平均11時間18分であり，先ほどと同様に，睡眠等誰でも必要な時間以外の時間の中での割合を見てみると，「仕事・通勤」の占める割合は約8割となる。

ほとんど，平日の生活は，「仕事・通勤」だけといえるだろう。「家事・育児時間」の平均が，NHK調査によれば，成人男性で約50分という結果に比べれば，「子育て家庭の男性」は1時間11分ということで，かなり長めになっている[2]。それでも，「子育て家庭の女性」の約8時間に比べれば圧倒的に短く，家事・育児のほとんどを母親に頼らざるを得なくなっている現状が見て取れる。

2. 保護者が抱える支援のニーズ

（1）家事・育児に休日はない？

　ここまで見てきたのは，あくまで平日の生活時間だが，休日の生活時間はどのようになっているのだろうか（表2-1）。

　「家事・育児時間」に関しては，平日に比べて，休日は長くなる傾向がみられる。つまり，「家事・育児」に関しては，「休日はない」どころか，むしろ，休日の方が長いのだ。特に，「子育て家庭」ではその傾向が顕著で，「子育て家庭」の女性に関しては，約9時間となっている。男性に関しては，平日の4倍（4時間44分）となっていて，平日に時間を取れない分，まとめて休日に行うという傾向がみられる。

　また，男性に関しては，「休日」もまた「仕事・通勤時間」が平均1時間程度みられる。働き方によっても変わってくると思われるが，「休日」といっても，完全に，仕事から離れることができないということがわかる。

　ここまで見てきた「子育て家庭」の生活時間を整理すると，次のようにまとめられる。

　・子育て家庭の男性では，平日の仕事時間が長く，仕事時間以外の生活時間（家事・育児時間など）が，比較的短くなっているが，それらは休日に行われる傾向がある（休日と平日の変化が比較的大きい）。
　・子育て家庭の女性では，平日・休日ともに，「家事・育児時間」が長時間に及ぶ（休日も平日も「家事・育児」が中心）。

　今まで見てきた「子育て家庭」における家事・育児時間の長さは，世界でも

同様の傾向がみられるのだろうか。内閣府『少子化社会対策白書（令和2年版）』では「6歳未満の子供を持つ夫婦の家事・育児関連時間（週全体平均)」について，国際比較をしている[3]。この条件では，日本の女性の家事・育児時間は，1日当たり7時間34分となるが，アメリカでは5時間40分，イギリスでは6時間9分，フランスでは5時間49分，ドイツでは6時間11分である。このように見てみると，日本の「子育て家庭」の女性の「家事育児時間」は，諸外国と比べても有数の長さであることがわかる。「育児時間」に限定しても，日本では3時間45分と，アメリカ2時間18分，イギリス2時間22分，フランス1時間57分などに比べて長くなっている。

(2) 保護者は，「心の余裕」がなくなっている？

　こうした忙しい生活は，「子育て家庭」の保護者に，どのような影響を与えているだろうか（図2-1）。まず，「子育て家庭」の女性は，「非子育て家庭」の女性に比べて「生活に対して満足」とする割合が低い傾向がみられる（男性では，逆に「子育て家庭」の男性のほうが，「満足」の割合が高い傾向がみられる）。なぜ，女性では，特に「子育て家庭」でこのような結果になったのか。「家庭内のストレス」との関連を見ていくと，その要因の一端が見えてくる。

　家庭内のストレスに関して，「子育て家庭」の女性以外では，「変わらない」と答えた割合が，それぞれ，最も高かったのにもかかわらず，「子育て家庭」

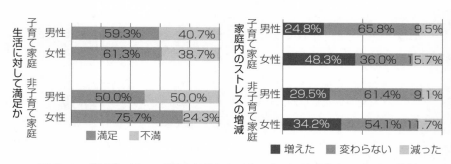

図2-1　「生活に対して満足か」「家庭内のストレスの増減」に関する意識

（資料　表2-1に同じ。「ストレスの増減」は「1年前と比べて」）

の女性では,「増えた」が最も高く,約5割という結果になった。ここまで見てきた生活時間に関する分析をふまえれば,「子育て家庭」の女性の生活は特に忙しく,ストレスがたまりやすい状況にあることがわかる。

（3）子育て家庭で余裕がないのは,時間だけではない

　ここまで,「時間」の側面から「子育て家庭」の生活を見てきたが,「子育て家庭」が余裕をなくしているのは,「時間」だけではない。経済的な「暮らしの余裕」についての質問では,「子育て家庭」のほうが「苦しい」とする回答が多い傾向がみられた（図2-2）。子育て家庭では,子育てに関する費用の負担が経済状態に影響を与えていると考えられる。

　また,この「暮らしの余裕」に関しては,子どもの「末子年齢別」に分析を進めると,子どもの年齢が上がるにつれて,さらに「苦しい」とする回答が増える傾向がみられる（図2-3）。これは,塾・習い事の費用等を含めた教育費の負担が重くなるためと推測される。

　一般に,「生活時間」と「お金」の問題は,相互に関連している。例えば,一般に,「仕事時間」を延ばせば家庭で使える「お金」は増えるが,その代わ

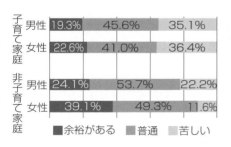

図2-2　「暮らしの余裕」に関する意識

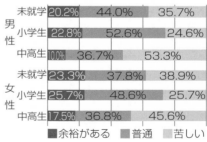

図2-3　末子年齢別「暮らしの余裕」に関する意識

（資料　藤村正之研究代表：流動化社会における都市青年文化の経時的実証研究—世代間/世代内比較分析を通じて— 2011（平成23）年度〜2013（平成25）年度科学研究費補助金基盤研究（A）の調査データより分析。結婚または離婚していて,子どもが18歳以下の回答者を「子育て家庭」,結婚していて,子どもがいない,または19歳以上の回答者を「非子育て家庭」として分類）

り「家事・子育て時間」は圧迫される。逆に「家事・子育て時間」を増やせば「仕事時間」を減らさざるを得なくなり，収入は減る。また，これらが不足することは，「子育て家庭」の保護者の心理的ストレスにつながる。

　子どもにとって，家庭が「安心感」を感じる場所であるためには，保護者にとっても，家庭が安らぎを感じられるような場所である必要がある。保護者が，子どもと向き合うためには，まず，保護者自身も，自分の生活を安定させる必要があるということだ。そのためには，「生活時間」と「お金」の両面での支援が必要になる。

3.　支援のニーズと対応

(1) 保育者ができることは大きい―問題解決のために「つなげる」支援―

　ここまでを読んで，「困った状況にあるのならば，誰かに相談すればいいのに」と皆さんは考えるかもしれない。しかし，ここで問題になるのが，「子育て家庭の孤立」という問題である。アンケート調査によれば，「お金や物の貸し借りをする友人がいる」という割合は，子どもがいる家庭は，子どもがいない家庭よりも少ない傾向がみられた[4]。このように，困ったときに頼れるような友人関係は，子育て家庭では狭くなっている。

　ここまで見てきた保護者の「生活時間」と「お金」の問題，そしてそこにつながる「心理的ストレス」の問題というと，保育者は何もできないのではないかと感じる読者もいるだろう。しかし，子育て家庭にとって，最も身近な「福祉の専門家（相談援助者，ソーシャルワーカー）」である保育者ができることは大きい。

　まず，「生活時間」に関して，保育者は，「早朝保育」「延長保育」「休日保育」など，保護者のライフスタイルに合わせたさまざまな社会資源を用意することができる。また，自園で用意できない場合は，地域にあるさまざまな社会資源を紹介し，つなげていくことができる。

　文部科学省の調査によれば，幼稚園での「預かり保育」の実施率は，1997

（平成9）年度には29.2%であったが，2019（令和元）年度には87.8%まで増加している[5]。保護者の多様なライフスタイルに合わせて，さまざまな形での保育を実施することによって，「子育て家庭」の圧倒的な忙しさ，そして，そこからつながる「心理的ストレス」の問題に対応することができる。

　また，子育て家庭の「お金」の問題に関しても，地域にある諸資源や制度につなげていくことが重要である。現在，それぞれの地域社会で，行政だけでなくさまざまな担い手（地域の商店やNPO法人（特定非営利活動法人），ボランティア団体など）が，「子育て家庭」の負担軽減のために，支援の方法を試行している。また，経済的に行き詰まった家庭の支援のために，行政や社会福祉協議会も取り組んでいる。こうした地域社会のさまざまな取り組みに，保育者は，最も身近な専門家として子育て家庭をつなげていくことができる。

　こうした子育て家庭に対する「相談援助」のニーズは大きい。ベネッセ教育総合研究所によれば，「保育所・幼稚園に対する要望」として「子育て相談」をあげる保護者は約6割であり，特に，低年齢の子どもをもつ保護者では約7割に達する[6]。保護者の気持ちを受けとめ，受容し，援助につなげる取り組みが求められる。

(2) 日常の保育の中で気づくこと

　こうした支援にあたって，最も基本的な前提は，日々の保育の中で，子どもたちのことをよく見て，子どもたちによくかかわっていくということだ。そこから支援のニーズを把握することができるし，また，その背景にある家庭のニーズに気づくことができる。

　また，「親子をつなげていく（親と子の橋渡しをする）」という視点も重要だ。親子の関係をつなぐ中で，保護者の心理的ストレスを軽減することができ，子育てに前向きに取り組む力を引き出すことができる。

　「子育て家庭」には子育て家庭であることによる「将来への期待」など，もちろん，ポジティブな側面もある。「将来の展望」という側面では，「未就学」の子どものいる家庭は，「小学生」や「中・高生」の子どもがいる家庭に比べ

て，「将来は明るい」という回答の割合が高いというアンケート結果もある[7]。そういう意味では，仕事と家庭生活の両立をめぐる忙しさや，子どもの世話にかかる費用の負担など，さまざまな困難があるものの，一方で将来への希望や期待がみられるということかもしれない。こうしたポジティブな側面を引き出し，子育て家庭の保護者が「子育て」の楽しさを実感できるためにも，保育者の役割は大きいといえるだろう。

(3)「子育て」は，一つの家庭の中だけで完結しない営み

　「子育て」が，「孤育て」となり，それが虐待などさまざまな家族問題につながっていると指摘されている。こうした意味で，現代社会では，改めて，「子育てが一つの家庭の中だけでは完結しない営みである」ということが，再認識されている。しかし，やはり「自分の家のことはすべて自分でやらなければならない」という考えや「他人の家のことには立ち入れない」という意識も根強く残っていて，「社会」と「家庭」の間にある壁は厚い。この「壁」の向こうで，苦しんでいる保護者や子どもたちがいるとすれば，「壁」に穴をあけて，外の空気を入れていく必要がある。外から，「壁」の中の SOS に気づき，手を差し伸べていく必要があるということだ。

　この外の世界とのいわば「ファシリテーター(物事を円滑に進める促進者)」として，最も期待が集まっているのが「保育者」ということになる。なぜなら，子どもや家庭にとって最も身近な子育ての専門家であり，日常的に子どもたちとかかわり，そこから家庭のニーズを把握できる立場にいるからだ。

　本章では，「壁」の外からは見えにくい，「子育て家庭」の生活について見てきたが，そこから見えてくるのは，「生活時間の戦場」であり，外からの助けなしでは成り立たない子育ての姿だ。そこでは，「子育て家庭」の相談にのり，家庭機能の強化・補完を行い，そして，それを通して「家庭の養育力の向上」につなげていく，保育者の「専門性」が求められるということになる。目の前の子どもの様子から，その背景にある家庭の問題に気づく「想像力」が保育者には求められる。

演習課題

支援の入口としてニーズに気づくために，以下について考えてみよう。
「登園してくるなり，眠そうなＡ君」
「朝ご飯を食べてこず，元気がないＢちゃん」
　２人とも，午前中の活動で元気がない。それぞれの家庭の状況を知り，保護者と協力していく必要がある。保育者としては，どんなふうに子どもや保護者とかかわっていけばよいだろうか。
① ２人が元気がない原因やその背景について考えてみよう（例「なぜ，Ａ君は眠そうなのか？　家族の生活リズムはなぜそのようになっているのか？」「Ｂちゃんが朝ご飯を食べてこない背景には，どんな家庭の問題があるのか？」）。
② 家族にどんな言葉がけをしたら，Ａ君・Ｂちゃんの生活はよくなるのかを考えてみよう（例「家庭の問題に寄り添い，知ろうとする言葉がけ」「社会資源につなげる言葉がけ」）。

■引用文献

1）二方龍紀：子育て家庭の生活と支援―生活時間調査からの考察―，清泉女学院短期大学研究紀要，32，2014，pp.11-21

2）NHK放送文化研究所編：日本人の生活時間・2010　NHK国民生活時間調査，NHK出版，2011，p.89

3）内閣府編：令和2年版　少子化社会対策白書，2020，p.29

4）二方龍紀：子育て家庭の生活と身近な人間関係―家族・友人関係による分析―，清泉女学院短期大学研究紀要，36，2018，p.49

5）文部科学省初等中等教育局幼児教育課：令和元年度　幼児教育実態調査，2020

6）ベネッセ教育総合研究所：第5回幼児の生活アンケート報告書，ベネッセ教育総合研究所，2016，p.58

7）二方龍紀：子育て家庭における生活意識・行動の差異―世帯収入・末子年齢別による分析―，清泉女学院短期大学研究紀要，35，2017，p.54

第3章
子育ち・子育てを支える 支援の計画・実践・評価

1. 保育所保育指針における子育て支援の基本

　子育て支援の基本について，保育所保育指針（平成29年告示）第4章1「保育所における子育て支援に関する基本的事項」に次のように記されている。

> (1) 保育所の特性を生かした子育て支援
> ア　保護者に対する子育て支援を行う際には，<u>各地域や家庭の実態等を踏まえる</u>とともに，<u>保護者の気持ちを受け止め，相互の信頼関係を基本に，保護者の自己決定を尊重</u>すること。
> イ　保育及び子育てに関する知識や技術など，<u>保育士等の専門性</u>や，<u>子どもが常に存在する環境</u>など，保育所の特性を生かし，保護者が子どもの成長に気付き子育ての喜びを感じられるように努めること。
>
> (2) 子育て支援に関して留意すべき事項
> ア　保護者に対する子育て支援における地域の<u>関係機関等との連携及び協働</u>を図り，<u>保育所全体の体制構築</u>に努めること。
> イ　<u>子どもの利益に反しない限りにおいて</u>，保護者や子どものプライバシーを保護し，<u>知り得た事柄の秘密を保持</u>すること。
>
> ※下線は筆者による

(1) 土台としての信頼関係の構築と保護者の理解

　保育所における子育て支援の基本として保育士に求められているのは，信頼関係を築き，保護者の主体的な子育てを支えることである。そのためには，保

護者のありのままの姿や気持ちを受容的に受けとめることが必要であり，保護者が暮らす地域や家庭の実態を把握することが不可欠である。

　ここで気をつけたいのは，「受容的である」ことは，保護者の姿勢や子育てを無条件に肯定するということではない。受容的であるということは，保護者が保育者に対して「自分の話に耳を傾けてもらえる」，「気持ちを受けとめてもらえる」「否定せずに聞いてもらえる」といった安心感をもってもらう姿勢といえる。なかには，送迎時に子どもを強く叱責したり，子どもの人格を否定するような乱暴な言葉を子どもに浴びせるといった不適切なかかわりである「マルトリートメント」といわれるような行動もないわけではない。しかし，こうした行動の背後にどんな大変さがあるのか，なぜ保護者がそのようなかかわりをしてしまうのかなど，保護者を理解するための手がかりとしてその様子に目を向けることが必要である。保護者の子育てや家庭の状況もコミュニケーションを通して徐々にわかることも多い。そして子育てにみられる気になる姿などにも留意しながら，次第に築かれる信頼関係のなかで，保護者自身がそれらの課題に向き合い，必要なことを改善し，子育ての主体になっていけるよう保護者としての成長を支えるのが保育士の役割といえる。

(2) 保護者の姿から潜在的な子育て課題を共有する

　保育所保育指針「第4章　子育て支援」には，保育所における保護者に対する子育て支援は，子どもの育ちを家庭と連携して支援し，保護者や地域が持つ自ら子育てを実践する能力の向上を図ることが求められている。保育所保育指針解説（厚生労働省，2018）では，保護者に対する支援について「<u>保護者が支援を求めている</u>子育ての問題や課題に対して，保護者の気持ちを受け止めつつ行われる，子育てに関する相談，助言，行動見本の提示その他の援助業務の総体を指す（下線は著者）」ものであり，さらに「<u>子どもの最善の利益を念頭に置きながら</u>，保育と密接に関連して展開される（下線は筆者）」とされている。

　ここで注目したいのは下線の「保護者が支援を求めている」という部分である。子どもの最善の利益を念頭に置くことと考え合わせるならば，「保護者が

支援を求めている」ということを，「保護者から保育士に直接相談してきた場合」ととらえるのは浅薄といわざるを得ない。前章で見てきたような子どもの姿があったとしても，必ずしも保護者が自分の子育てに疑問や不安を感じるとは限らない。したがって，保育者は保護者との関係のなかで保護者がこうした子どもの姿や育ちの課題に気づき，両者で共有していくことが必要であろう。

(3) 保育所等における支援と保育者のもつ専門性

　第1章でも概観したとおり，保育所等における子育て支援の特徴は，継続的に子育ちや子育ての支援を行うことができるという点にある。ここでは，保育者がこれまでの保育実践を通して有するに至った具体的専門性について考えてみよう（表3-1）。

表3-1　保育者の専門性

①発達援助の知識・技術	子どもの発達に関する専門的知識をもとに子どもの育ちを見通し，その成長・発達を援助する技術
②生活援助の知識・技術	子どもの発達過程や意欲をふまえ，子ども自らが生活していく力を育むことができるよう支援する知識・技術
③環境構成	施設内外の空間や物的環境，さまざまな遊具や素材，自然環境や人的環境を生かして保育の環境を構成する知識・技術
④遊びを展開する知識・技術	子どもの経験や興味・関心をふまえ，さまざまな遊びを豊かに展開していくための知識・技術
⑤関係構築の知識・技術	子どもの同士のかかわりや，子どもと保護者のかかわりを見守り，気持ちに寄り添いながら，良好な関係を構築できるように支援するための知識・技術
⑥相談，助言の知識・技術	保護者等への相談・助言に関する知識・技術
⑦実態に応じた計画的な実践と評価	保育における子どもの指導についての，実態把握，計画，実践，記録，評価に関する知識・技術
⑧課題に応じた地域の社会資源との連携や協働	課題に応じた地域の関係諸機関との連携や協働

　保育所等は，安全で乳幼児に必要な質の高い環境や経験が保障されている場である。また，基本的に毎日親子が利用することから，子どもや保護者，家庭や生活の状況などがよくわかり，保護者にとっても身近な子育ての相談や支援を利用できる親育ちの場でもある。さらに保育所等には，保育者のほかに看護師や栄養士などの専門職がおり，必要に応じて連携や協力ができる地域の関係機関ともつながっている。このような園内外の連携や協働については，誰がどのような役割を果たすのかなど，それが合理的に機能するような体制を整えることも大切である。

　こうしたことを考え合わせ，表3-1で示した専門性を活用して保護者が抱える子育ての具体的な悩みや困難を支援することが求められる。

2. 子どもおよび保護者の状況・状態の把握

　保育所保育指針解説に，「保護者に対する支援に当たっては，必要に応じて計画や記録を作成し，改善に向けた振り返りを行いながら，保育所の特性を十分に生かして行われることが望まれる」とされている。子育て支援においては，まず子育て・子育ちの状況を適切に把握することが必要である。保護者への支援が必要になる場合，その多くは子どもの育ちに関する課題も同時に認められることが多い。したがって，保護者や子どもの姿などで気になる様子をなんとなく見ているのではなく，そのつど記録しておくことが大切である。

(1) 気になる姿と支援プロセスの記録

　子どもや保護者との日常的なかかわりを通して気になる点については，そのつど記録しておくことを心がけたい。そのうえで継続的な支援が必要になった場合には，支援の過程を記録に残すことが，質の高い支援を実践するために重要である。親子の様子，状況の把握や支援内容の適切性，続く計画など，記録をとることによって状況や実践を振り返り，改善を図っていくことが可能になるからである。記録をとることの必要性は次に示すとおりである。

1) 職員間や他職種と情報を共有する

　記録は，支援の情報を伝え合い，共有し，組織的・継続的な支援を可能にする。また，記録にもとづく継続的なカンファレンスや省察（せいさつ）は，親子の姿の深い理解につながるとともに共通理解を土台としたチームによる支援を強化する。また，チームとしての検討は，記録そのものの改善や記録の精度を上げることにつながり，支援の質や職員の知識や技術など専門性向上につながる。

2) 支援の質を保障する

　記録には，支援対象者の家庭環境や生活状況，課題，相談内容（主訴）などが記載される。これらの資料を整理・検討し，支援のために活用することで，保護者や子どもの状況に応じたよりよい支援へとつなぐことができる。また，記録には，保護者の様子や支援者の印象，感じたことなどを記録しておくことで，支援に対する省察やカンファレンスなどで支援者の考えを客観化でき，続く支援への一貫性や方向性を保つ支援の質を保障することができる。

3) 公的な記録となる

　記録はまた，支援内容を正確に記述することにより公的な記録となる。支援者の支援内容や職務を証明するものとなる。また，事故や訴訟が起きた際は，そのときの職員の対応が問われることもある。適正な記録は，法的な証拠資料として職員一人ひとりの支援を証明するとともに，事故や訴訟が起きた際には職員や施設を守ることにもつながる。

(2) 記録の内容と様式

　記録の内容や様式は，目的に応じて工夫する必要がある。必要な情報や支援のプロセスを適切に記録することが肝要である（表3-2，表3-3）。

　表3-2は，保護者や子どもの姿が気になるケースの記録様式である。この場合，保護者からの相談があるわけではないが，保育者の側から気になる姿を随時記録している。経過をみて，保護者との相談に至るケースも少なくない。

　表3-3は保護者からの相談があった場合の記録の様式である。相談内容やそれに対する支援内容を簡潔に記録する。

表3-2　保護者や子どもの気になる姿【記録】

気になった様子を随時記録する

対象者氏名		備考：きょうだい等
子どもの氏名・性別・年齢		

日時・場面	気になる姿	保護者・子どもの別	記録者
2021年5月10日 18時頃 場面：降園時	子どもが帰るのを渋った場面で，待つことができず強い言葉で叱責する。	⟨保護者⟩・子ども	
2021年5月18日 9時30分頃 場面：登園時	母親が疲れた様子で，いつもより2時間ほど遅れて登園。	⟨保護者⟩・子ども	
※日時と場面を記載する	※具体的な姿を記載する。	保護者・子ども	
		保護者・子ども	

表3-3　記録の内容

日時　　年　　月　　日（　）時間　～	相談員　　○○　　○○
相談者氏名　　○○　　○○	子どもの名前・性別・年齢　　○○　　○○

主訴： ＊相談者の最も伝えたい悩みや訴えを簡潔かつ明確に記載する。 **子どもの現況：** ＊子どもの家庭での様子，園での様子，生活習慣（排泄，睡眠，食事，着脱），運動，遊び，友だち関係，言葉，気になる行動などを記載する。	**家族構成・育児状況・出生順位・同居：** ＊相談者の家族構成・家族関係等を記載する。ジェノグラム（家族関係図）を用いて視覚的に表現するものもある。

相談内容：＊相談された内容を客観的に記載する。
＊一文は短いセンテンスで，一文に1つの内容，主語・述語を明らかにする。
＊相談者が語った事実と支援者の解釈や見解は区別できるように記載する。

助言・支援内容：＊支援者が伝えたことは必ず記載する。
＊助言等を行った根拠となる「事実」を記載する。
＊支援の結果，対象者がどのような反応をしたかを記載する。

特記事項：＊他機関を紹介（紹介先），継続希望など

　これらの記録と併せて家族関係や支援にかかわる社会資源などを明確にするために，ジェノグラムやエコマップなどを使うこともある。前述したように，子育ちや子育てにかかわる適切な支援を行うには，子育ての実態や状況を把握することが欠かせない。

1）ジェノグラム

　ジェノグラムは，3世代以上の家族関係を図式化したものである。保護者や子どもを取り巻く人間関係を視覚的に把握することができる。結婚や離婚，死別などの状況も確認できる。特に近年では，家族関係の複雑さからくる子育ちや子育ての課題も多くなっているため，家族内のキーパーソンなどを探る意味でも有効な資料となることも多い。

　記入例と基本的な記述方法は，図3-1の通りである。

2）エコマップ

　エコマップは，子どもや保護者の家族や社会資源とのかかわりを図式化したもので，生態地図ともいわれる。子育ての負担感は，支援してくれる人や機関が多いほうが低い傾向にあることが知られているが，エコマップは子育て当事者を支える支援者や社会資源が実際にどの程度利用され，機能しているかを明らかにすることができる（図3-2）。

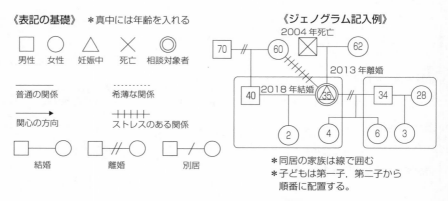

図3-1　ジェノグラム作成の基本表記法

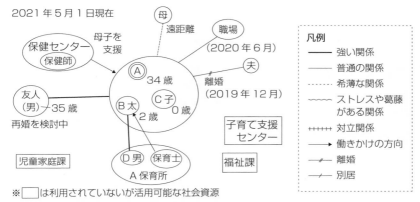

図3-2　エコマップ例

　また，エコマップを作ることで，支援に活用できる社会資源を探り，支援体制構築などに活用できる。つまり，実際には利用されていなくとも活用できる可能性のある支援者や社会資源を探る手がかりを得ることができる。妊娠したときから出産，子育てと進む中で，子育てを支える環境がどのように変化していくかといった時間軸に沿った支援可能性や離婚などの生活環境の大きな変化が生じた場合の支援可能性にも活用することが可能である。

3. 支援の計画と実践

（1）支援の流れ

　保護者からの相談や依頼があった場合や，保育者や園のほうからの働きかけで支援を開始する場合の主な流れは図3-3に示す通りである。用語は異なるが，ここに示した流れは，基本的に保育の計画・実践を行う際の手続きと同様である。また，一度の計画や実践で解決することは少なく，親子の状況に応じて〈計画–実践〉を繰り返すことが多い。なかには在園期間で終結しないこともあり，就学後につなぐ必要があるケースもある。

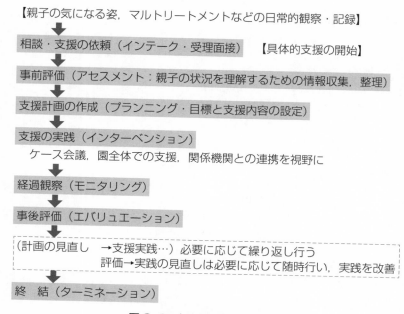

【親子の気になる姿，マルトリートメントなどの日常的観察・記録】

相談・支援の依頼（インテーク・受理面接）　【具体的支援の開始】

事前評価（アセスメント：親子の状況を理解するための情報収集，整理）

支援計画の作成（プランニング・目標と支援内容の設定）

支援の実践（インターベンション）
　ケース会議，園全体での支援，関係機関との連携を視野に

経過観察（モニタリング）

事後評価（エバリュエーション）

(計画の見直し　→支援実践…）必要に応じて繰り返し行う
　　　　　　　評価→実践の見直しは必要に応じて随時行い，実践を改善

終　結（ターミネーション）

図3-3　相談支援のプロセス

（2）支援計画の前提となる子育て・子育ち状況の把握（事前評価）

　支援の開始にあたってはそれまでの記録や情報を整理し，状況のアセスメント（事前評価）を行い，園で情報を共有する。アセスメントの観点は，子どもの状況，家庭や家族の状況，親子の抱える課題（気になる姿）などである（図3-4）。必要に応じてジェノグラムやエコマップを活用する。家庭や家族の状況については，保護者から直接聞き取ることが多く，子どもの状況や親子関係については，子どもの姿や子どもの送迎時の観察によって得る情報が多い。

　例として，園での子どもの状況についての観察観点を示した（表3-4）。子どもの育ちをとらえる観点としては，「身体発育・生活習慣」「情緒」「言葉や認知」「社会性・対人関係」などが一般的であろう。また，気になる姿や具体的な課題を整理し，それらに対する具体的な支援を計画する。

```
1．これまでの親子の状況・面談等記録    4．家族の状況
                                     ①保護者の心身の状況
2．子どもの状況                        ②家族関係
  ①健康・発育・基本的生活習慣            ③就労状況
  ②情緒                              ④経済状況
  ③発達（運動・認知・言語など）          ⑤社会関係（支援者の有無）
  ③対人関係（社会性・コミュニ           ⑥園，保育者との関係
        ケーション）
                                   5．親子の抱える課題
3．家庭の養育状況
  ①親子関係                         ※必要に応じてジェノグラムや
  ②生活習慣                            エコマップなどを活用する
  ③保健・衛生・監護
  ④登園状況
```

図 3-4　事前評価（アセスメント・情報収集）の観点

表 3-4　遊びの中での観察項目（例）

①健康・発育・基本的 生活習慣	面接（聞き取りも），病気等の有無，身体の発育状況，睡眠・食事・着替え・排泄など身辺自立
②情緒	母子分離の様子
③発達（運動・認知・ 言語など）	・遊びの始発（探索するか，勧めたときの反応），遊びの種類，遊びの長さ，感覚遊び，ふり遊び・みたて遊び，ルール理解，順番や役割の理解，勝敗の理解 ・遊びの終了（片付けができるか，終了時間を気にするか，終了を受け入れられるか）
④対人関係（社会性，コミュニケーション）	誘いかけ（子どもから，大人から，遊びに割り込んだときの反応），コミュニケーション，アイコンタクト，共同注視，要求，表情，質問の応答，会話（好きなこと，友だち，家族，園）
⑤その他	面接（聞き取りも），子どもの好みや興味，苦手なことや嫌いなこと

（3）支援の計画

　保護者の子育ての様子やそれが原因と考えられる子育ちで気になることをふ
まえ，支援計画を立て，支援を実践する。支援計画作成の例を表3-5に示す。
支援計画の立案にあたっては，主たる支援者が立案するが，内容や支援担当を
決めていくことが必要である。この場合，主たる担当を決めながらも，複数の
職員がかかわり，相談の窓口を複数作っておくことが有効である。例えば，子
どもの発達の遅れなどが懸念されるケースなどでは，そのことを保護者に伝
え，話し合おうとすると，その保育者を避けたり話すことを嫌がって，コミュ
ニケーションがとりにくくなることがある。こうした場合に，複数の窓口があ
ると他の保育者や園長などに相談できるようにしておくと，当該の保護者と継
続的なコミュニケーションを保つことができる。このように支援の過程で保護
者との関係がうまくいかなくなった場合でも，複数の窓口があることで保護者
との関係を継続することができる。

　支援計画を立てる際には，子どもに対する支援，保護者に対する支援，他機

表3-5　支援計画の作成（プランニング）の例

課題	目標	支援内容	担当
いつも眠そうにして機嫌が悪い	睡眠を十分にとる	①午睡の時間を十分にとる ②家庭での睡眠時間を十分にとれるようにする	担当保育士
清潔が保たれていない	清潔を保つ	園でシャワーや身体を拭くなどする	担当保育士 主任
朝食がとれていない午前中元気がない	食事をしっかりとる	①給食など，十分な食事を提供する ②朝，少しでも食べる必要を伝える	担当保育士
保護者が孤立している	社会資源による支えを提供する	①日常の会話を大切にする ②民生児童委員に見守りを依頼する	園長 主任
子どもとのかかわり方がわからない	子ども理解を深める	モデルを示したり，助言するなどして対応の仕方を伝える	担当保育士
母の体調が悪く，気分にムラがある	体調の負担，ストレスを軽減する	①日々のかかわりのなかで，不安やストレスを受けとめる ②通院状況などについて確認し必要に応じて受診を勧める	①全職員 ②園長・主任

関との連携など，必要と思われる支援事項に応じて具体的な支援内容と役割分担を行う。多くの場合，子どもに対する支援と保護者に対する支援は並行して行われることが多い。また，計画立案にあたっては，職員同士でその内容や役割を共有しておくことが大切である。

(4) 支援の実践・記録・評価・カンファレンス

計画を立案したら，職員で共有し，それにもとづいて支援を実践する。支援とともに親子の様子をモニタリング（経過観察）し，実践した内容や支援内容，支援による変化などについて，それぞれの役割に応じて記録しておく。

保護者に対する支援は，日常的なかかわりを通して，保護者にとって居心地のよい雰囲気が大切である。そのため，担当者だけでは十分ではなく，すべての職員で心地よい雰囲気をつくることが求められる。保護者に対する支援実践は，次に示すような内容として行われるが，当該の保護者に，すべての職員が気持ちのよいあいさつや声がけをすることから心がけたい。

保護者に対する支援実践の内容例
①あいさつ・声がけ　　②相談・受容・共感　　③方法の提案・承認
④モデルの提示・子どもの姿の共有（リフレーミング）
⑤情報の提供　　⑥関係機関等の紹介・仲介　　⑦関係機関との連携　　など

定期的に，それぞれがとった記録を持ち寄り，日常場面での親子の姿，支援場面での様子などを共有し，必要により面談などを行う。関係機関と連携している場合は，会議等で経過観察を実施する。継続的に計画に沿って評価し，成果と課題を明らかにする。これらの結果をふまえ，支援計画を再検討し改善等を図り，今後の支援につなげていく。

4. 職員間の連携と協働

保護者の立場から考えたときに，周囲の目が気になる，プライドが邪魔をする，自分の悩みを受けとめてもらえるか不安を抱くなど，支援や相談を受ける

にはある種の勇気が必要であるし，躊躇することも少なくない。こうした保護者の心情をおもんばかり，理解する想像力が保育者には求められる。こうした保護者の気持ちを受けとめて，子育ての主体としての親育ちを支えるためには，園のすべての職員がつくり出す雰囲気と個々の職員の保護者とのかかわりの姿勢がきわめて大切である。

　他者への支援のためには，支援を行う保育者自身のメンタルが安定していることが前提となる。また，保育所等がもつ特色をふまえ，その機能を最大限に発揮するには，職員間の共通理解，それにもとづく連携や協働が不可欠である。質の高い子育て支援のためには，子育て支援の前提となる社会や，保護者，子ども，子育てなどが置かれている現状について職員間で共通理解を図り，それらをふまえた子育て支援の協働が図られることが大切である。子育て支援の基盤となる共通理解は，具体的な支援について悩んだときに立ち戻る原点であり，それぞれの職員の保護者に対する声がけ，かかわり，具体的な支援としての行動の根拠になるものだからである。職員間での子育て・子育ちに関する深い理解が，その支援を質の高いものにするのである。

 演習課題

①　3世代にわたる自分の家族のジェノグラムを作ってみよう（または，サザエさん一家などのものでもよい）。

②　自分を中心とした2つの時期（①小学校5年生の頃，②現在）のエコマップを作って，比べてみよう。自分が直接かかわったり，相談するなどしている人や機関・場所（例えば，児童館，塾など）などにどんな変化があるだろうか。

第4章
社会資源の活用と関係機関等との連携・協働

1. 社会資源とは何か

(1) 社会資源

　「社会資源（social resources）」は，福祉の分野でよく使用される専門用語の一つであり，「福祉のニーズを充足するために活用される施設・機関，個人・集団，資金，法律，知識，技術等々の総称[1]」と定義されている。生活の中で困ったとき，つまり，福祉のニーズが生じたときに，私たちを助けてくれる世の中のすべてのものを，「社会資源」と呼ぶのである。

　例えば，昼間に仕事に行きたくても，その間に子ども（乳幼児）の世話をしてくれる人がいなくて困っている場合なら，保育所という施設・機関を利用することができる。同じようなニーズをもっている国民が一定数いたため，法律に基づく国の制度として保育所という社会資源が整えられてきたのである。

　社会資源には，保育所のように法律や制度によって整えられた公的（フォーマル）なものだけでなく，母方の祖父母が子どもを預かってくれるなど，私的（インフォーマル）なものも含まれる。公的な社会資源では，支援者は給料を得て仕事として支援をしているため，安定的に支援を提供することができる。反面，法律や制度で定められた以上の支援を柔軟に実施することは難しい。私的な社会資源は，親族や友人といった身近な人が，その人との人間関係にもとづいて支援を提供するものであり，ニーズに応じて柔軟に支援を提供することができる。しかし，負担が大きすぎて支援する側が嫌になったり，支援する側の

体調や生活状況の変化によって，支援できなくなることもある。

　祖父母の支援を受けられる子育て世帯ばかりでないことを考えると，現代においては，私的な社会資源だけに頼った子育ては成立し難い。また，子どもに障害がある場合などは，専門知識がある人のサポートが望ましいが，身近な人に専門家がいる確率はそんなに高くはない。さまざまな状況にある子育て世帯が，過剰な負担を抱え込まず，子どもの成長の喜びを感じられる子育てを行うためには，公的な社会資源を整え，活用していくことが必要不可欠である。

（2）社会資源と保育所

　本章では，保育所を通して社会資源をみてみよう。保育所保育指針では，「社会資源」に関して，以下のように示されている。

> 第1章総則　1保育所保育に関する基本原則　（1）保育所の役割
> ウ　保育所は，入所する子どもを保育するとともに，家庭や地域の様々な社会資源との連携を図りながら，入所する子どもの保護者に対する支援及び地域の子育て家庭に対する支援等を行う役割を担うものである。

　保育所は，「保育を必要とする乳児・幼児を日々保護者の下から通わせて保育を行うことを目的とする施設（児童福祉法第39条）」であるが，単に子どもを保育するだけでなく，保護者支援・子育て支援を行う施設でもあり，その際には，さまざまな社会資源との連携を図ることになっている。

　また，保育所保育指針解説（厚生労働省，2018）では，保育所を「地域に開かれた社会資源」と表現している。つまり，保育所自体も，昼間に保育を必要とする乳児・幼児を預かるという公的な社会資源の一つなのである。

（3）社会資源の活用

　日中，仕事に行きたいけれど，その間，子どものお世話をしてくれる人がいなくて困っている場合に役立つ公的な社会資源として，保育所があった。では，保育所に通う子どもが風邪をひき，発熱している場合は，どうだろうか。子どものことを考えると，仕事を休んで看病したいところだが，どうしても外

せない仕事の場合もある。かといって，病気なので通常の保育所は子どもを預かってくれない。祖父母や近所の友人などの私的な社会資源にも頼れない場合，どうすればいいのだろうか。

　このような場合に対応できる公的な社会資源の一つは，病気の子どもや病後の療養中の子どもを預かってくれる「病児保育」である。同じような状況で困った人が多くいたため，公的な制度がつくられ，地域で「病児保育」を実施する病院等が増えていった。今では，多くの地域で，いざというときに子どもを預けることができる態勢が整いつつある。

　ここで，病児保育を利用するためにどういうことが必要なのか，考えてみよう。まず最初に，保護者が病児保育という制度と，地域ではどこで事業が実施されているかを知っている必要がある。たまたま病児保育のことを知っていた場合は問題ない。しかし，知らなかった場合は，身近な存在である保育所に，「発熱していて，園に預けられない。でも仕事には行かなければいけない。どうしたらよいか」という緊急の相談が寄せられることになる。そのとき，保育士が，地域における病児保育の情報を知らなければ，保護者に必要な情報を提供することができない。また，どの機関が病児保育を行っているかの情報を知っていても，申し込みの手順や利用料のことも把握していないと，利用が難しいこともある。例えば，医師が記入した連絡票がないと利用できない場合は，前日までに病院を受診し，連絡票を書いておいてもらわないと，当日の朝一番で子どもを預けることはできない。「園の先生から病児保育の情報を教えてもらったのに，うまく利用できなかった」ということが起こりうる。

　このように，社会資源を活用するためには，①どのような社会資源があるのかを知っていることに加えて，②その社会資源を上手に利用するための情報も知っておく必要がある。一度調べても，数年後には制度や運用方法が変更されていたり，実施施設が入れ替わっていたり，そこで働く職員が入れ替わって雰囲気が違っていたりすることもあるので，③常に最新の情報を把握しておくことも大切である。子育て世帯がこれらの情報をいつも把握し続けることは，なかなか大変である。そのため，保育所は，地域の社会資源の情報を収集・整理

し，保護者からの問い合わせがあったときや，子どもと保護者に役立つと思っ
たときには，すぐに情報提供できる準備をしておくことが望ましい。

2. 子育て・子育ちを支える社会資源と専門職

　子育て・子育ちを支える社会資源には，さまざまな種類がある。困っている
保護者や子どもに対応できるよう，保育者も社会資源の種類について学ぶととと
もに，地域の社会資源の情報を集めておくことが大切である。

　多くの市町村では，地域の子育て世帯のために，利用できる制度や機関の情
報をひとまとめにしたパンフレット等を作成し，毎年更新している。そのよう
なパンフレットを毎年入手し，新しい制度や事業所が追加されていないか確認
することで，地域の最新の情報を効率よく把握することが可能となる。

　本節では，以下，社会資源や専門職をいくつかの種類に分類し，それぞれの
特徴を簡単に説明する。なお，ここで紹介する社会資源は，すべて公的な社会
資源である。実際に困っている家庭からの相談を受けたときは，公的な社会資
源の知識を活用するとともに，その家庭が利用できる私的な社会資源について
も，保護者と一緒に確認するようにしたい。

（1）在園児の家庭が利用する社会資源

　ここでは，保育所を利用している家庭が，保育所と併用して利用することが
ある社会資源のうち，主なものを解説する。在園児の保護者への支援のため，
保育所に限らず，保育者が特に知っておきたい社会資源である。

1）病児保育（病児対応型・病後児対応型）

　病気や，病気からの回復期にある子ども（小学校 6 年生まで。自治体によって
異なる）を日中に預かり，保育を行う。小児科病院を併設していることが多
い。在園児が病気で登園できなくなったときに利用されることもあるため，保
育所も地域の病児保育の最新情報を把握しておく必要がある。1 日 2,000 円程
度の利用料が必要（自治体による）。看護師や保育士が業務に当たっている。

2) ファミリー・サポート・センター

　地域の子育てを支援したい住民と，支援してもらいたい住民が事前に会員登録し，必要性が生じたときにマッチングを行う機関。地域に支援してくれる人がいれば，「休日に子どもを預かってほしい」，「保育所まで迎えに行き，親が帰るまでの1時間，面倒をみてほしい」などのニーズにも柔軟に対応できる。1時間あたり500円から1,000円程度の利用料が必要（自治体による）。

3) 短期入所生活援助事業

　短期入所生活援助（ショートステイ）事業は，保護者の疾病や出張，冠婚葬祭等の理由により，夜の時間も含めて子どもの養育が一時的に困難になったときに，児童養護施設等で子どもを預かる事業である。祖父母等に頼れない母子家庭世帯で，母親が1週間程度の手術入院が必要になった際などでは，子育て短期支援事業が利用されることが多い。世帯の収入に応じた利用料が必要。

4) 市町村保健センター

　地域保健法に基づき市町村が設置する保健センターは，地域における健康相談や保健指導，健康診査等を担う機関である。市町村保健センターには，成人や障害者を対象とした業務もあるが，母子健康手帳の発行や予防接種，乳幼児健診，子育て相談・発達相談など，出産や子育てにかかわる業務も多い。そのため，保護者にとってもなじみの深い機関といえる。

5) 児童家庭支援センター

　子どもに関する家庭等からの相談のうち，専門的な知識・技術を必要とするものに応じる機関。児童相談所から委託された相談への対応や，児童相談所や児童福祉施設，里親，学校等との連絡調整等も行う。在宅で支援している被虐待児の対応で，保育所等と連携することもある。児童養護施設や乳児院，児童心理治療施設等に併設されていることが多い。

6) 児童相談所

　児童福祉法に基づき都道府県や政令指定都市等が設置する児童相談所は，子どもの福祉と権利擁護に関する専門機関である。①子ども家庭相談，②一時保護，③社会的養護に関する業務，④障害児に関する業務などを担っている。相

談は，より身近な市町村の子育て相談窓口等でも可能であるが，一時保護や施設入所等に関しては，児童相談所のみが担当している。

7）児童発達支援 （「第8章4.（1），1）児童発達支援」参照）

8）福祉事務所

　都道府県や市が設置する福祉事務所は，児童・家庭，生活保護世帯，高齢者，障害者等の福祉を図るための機関であり，支援に必要なさまざまな手続きの窓口である。子どもや家庭の相談を充実させるため，家庭児童相談室が設置されており，子育てに関する相談や，保護者自身のDV（ドメスティック・バイオレンス，家庭内暴力）被害の相談等にも対応している。福祉事務所は，児童相談所とともに，子ども虐待の通告先でもある。

（2）地域の子育て世帯が利用する社会資源

　ここでは，子どもが保育所に在園している家庭が利用することはない，あるいは少ないが，子育て・子育ちを支える社会資源について説明する。

1）一時預かり事業

　一時預かり事業（一時保育）は，保護者の通院や一時的な用事，リフレッシュの時間確保等などさまざまな理由により，昼間に一時的に乳幼児の養育が困難になったときに，保育所等で子どもを預かる事業である。自分が勤める保育所等が一時預かり事業を行っている場合，申し込みがあったときには，在園児でない子どもも一時的に預かることになる。

2）地域子育て支援拠点事業

　保育所や幼稚園等を利用していない子育て家庭は，地域に気軽に相談できる人がおらず，孤立化することがある。地域子育て支援拠点事業では，子連れで利用しやすい居場所を用意し，訪れた保護者同士の交流を促したり，子育て相談，子育て情報を提供する。子育ての孤立化を防ぎ，気軽に悩みを相談できることをめざしている。地域子育て支援拠点事業を行っている保育所もある。

3）放課後児童健全育成事業

　放課後児童健全育成事業は，小学校の授業終了後から18時頃まで子どもを

預かり，適切な遊びや生活の場を提供する事業である。地域によって名称は異なり，「学童保育」や「放課後児童クラブ」と呼ばれることが多い。夏休み等の長期休みの期間は朝から利用することができる。保育所を卒園して小学生になった子どもの多くは，放課後児童健全育成事業を利用することになる。

4）放課後等デイサービス

　小中学校等に通学している障害のある子どもが，放課後，あるいは夏休み等の長期休みに通い，生活能力の向上や社会との交流の促進を目指すサービスである。保護者からすれば「障害のある子ども向けの学童保育」というイメージで利用されていることも少なくないが，あくまで療育という位置づけである。株式会社等でも参入可能なため，事業所の数が多く，内容もさまざまである。

（3）保護者向けの社会資源

　ここまで，在園児の家庭が利用する社会資源と，地域の子育て世帯が利用する主な社会資源を紹介してきた。ここでは，子育て世帯の保護者向けの社会資源をいくつか紹介しておきたい。貧困，就労，精神疾患，DV被害など，保護者が直面する可能性がある困難な状態を支援してくれる社会資源である。

1）生活保護

　生活保護制度は，できる限りの努力をしても生活に困っている方を対象に，健康で文化的な最低限度の生活を保障するための制度である。生活扶助（食費や光熱水費など），住宅扶助（家賃等），医療扶助（医療費）など，困っている内容に合わせて費用が支給される。窓口は管轄の福祉事務所である。

2）さまざまな就職支援

　経済的に困ったとき，就労可能な健康な状態であれば，仕事を探すことになる。各地にあるハローワーク（公共職業安定所）は，地域の求人情報を提供したり，就職に関する相談を受けている。子育て中の母親（父親も利用可）向けのマザーズハローワーク等も整備されている。

3）精神保健福祉センター

　精神保健福祉センターは，精神保健の向上と精神障害者の福祉の増進を図る

機関で，都道府県や政令指定都市に設置されている。うつ病などの気分障害や，アルコールやギャンブルなどの依存症など，メンタルヘルスに関するさまざまな相談に対応している。電話相談の窓口を開設しているセンターも多い。

4) 配偶者暴力相談支援センター

　配偶者暴力相談支援センターは，DVの相談を受ける機関である。「配偶者からの暴力の防止及び被害者の保護等に関する法律」（配偶者暴力防止法）では，配偶者からの身体的暴力を受けた人を発見した者には，配偶者暴力相談支援センターか警察に通報する努力義務が課せられている。また，子どもがDVを目撃した場合は，心理的虐待に該当することにも留意したい。

(4) 保育所が連携する機関・社会資源

　ここでは，保育所が直接連携する地域の機関や社会資源について紹介する。すでに紹介した社会資源についても，保育所との連携の視点から解説する。

1) 市町村担当課

　市町村には，認可保育所を管轄する担当部署があり，保育所入所の調整や保育所運営の相談・指導等を担当している。市町村によって異なるが，子育て支援課，保育課などの名前がついていることが多い。入所にあたりさまざまな事情を抱えている家庭の事情を共有するなど，よりよい保育のために日頃からの連携が必要とされている。

2) 要保護児童対策地域協議会

　要保護児童（p.138参照）等への支援を行うため，地域の関係機関が集まり，情報交換や支援内容の協議を行う場である。ほとんどの市町村に設置され，市町村保健センターや医療機関等の保健医療関係，警察・司法関係，教育委員会や学校等の教育関係，保育所や主任児童委員，児童相談所等の児童福祉関係の組織が参加している。虐待が疑われるケースについて話し合うことも多い。

3) 児童相談所

　先述の通り，児童相談所は，子どもの福祉と権利擁護に関する専門機関であり，保護者からの相談も受け付けている。保育所が児童相談所と直接やりとり

をするのは，主に子ども虐待ケースへの対応が多い。保育所が児童相談所に虐
待通告をする場合や，児童相談所から保育所に，子どもの育成状況についての
問い合わせや，親子関係の見守り依頼がなされる場合などがある。

4) 地域の医療機関

　地域の医療機関は，保護者が病気になった子どもを連れて行って受診するだ
けでなく，保育所とも連携する機会が多い。毎年の健診は，地域の医療機関や
園医の協力を得て実施していることが多く，保育所内でけがが発生した場合
も，地域の医療機関に連れて行くことになる。また，園児が感染症に罹患した
場合，登園の可否を判断するのも，医療機関の重要な役割である。

5) 教育委員会・小学校

　地域の教育委員会および小学校とは，要保護児童対策地域協議会でも保育所
と協働することが多い。加えて，入学予定児（年長児）に関する情報提供や就
学相談でも連携している。就学相談については，就学先が教育委員会と保護者
の相談で決まっていく地域もあれば，保育所と保護者の話し合いが中心となっ
て決まっていく地域もあるため，地域の実情に応じた連携が必要である。

6) 保育所等訪問支援 （「第8章4.(1)，2) 保育所等訪問支援」参照）

(5) 子育て・子育ちに関する専門職

　ここでは，子育て・子育ちに関する専門職を紹介する。それぞれの専門職
は，これまでに社会資源として説明した機関やサービス等で働いている職員で
あることも少なくない。相手の専門性や得意分野を知ることで，専門機関との
役割分担もしやすくなるため，理解しておきたい。

1) 児童福祉司

　児童福祉司は，児童相談所で働く公務員のうち，社会福祉士等の専門資格を
もつ者等から任命される。虐待など，支援が必要な子どもの環境を調査すると
ともに，子ども本人や保護者の希望，児童心理司や医師等の専門職の意見を収
集し，必要な支援を行う役割を担っている。保育所とは，子どもの生育歴の調
査や，必要な支援の相談等でかかわることになる。

2）保 健 師

　保健師は，保健指導や健康教育を通して，感染症や生活習慣病の予防や健康増進などの公衆衛生活動を行う専門家である。資格取得には，看護師国家試験にも合格している必要があるため，看護師でもある。市町村保健センター等の行政機関で，乳幼児健診や予防接種，赤ちゃん相談や子育て相談を担当していることが多い。出産後の個別訪問やハイリスク児家庭の個別支援なども担っている。病気の予防や子育てを含む地域での生活についても学んでいる。

3）民生委員（児童委員）・主任児童委員

　民生委員は，地域住民の立場に立って相談に応じ，必要な援助を行うボランティア（特別職の地方公務員）である。子どもの健全育成に取り組む児童委員も兼ねている。また，児童委員の中から主任児童委員が指名されており，児童福祉に関する機関との連絡調整等を行っている。地域に密着しているため，「いつも子どもの泣き声が聞こえてくる」などの情報をもっていることもある。

3. 関係機関や専門職との連携

（1）連携に必要な事項

　保育所が関係機関や専門職と連携するためには，何が必要だろうか。これまで，困難な状況にあった子育て世帯が声をあげ，政治家や行政がその声を聞き取り，これまでにさまざまな公的社会資源の制度を整えてきた。その社会資源を無駄にしないためにも，関係機関や専門職と連携するためのポイントを学んでおきたい。

　先述の「(3) 社会資源の活用」(p.40〜42) では，保護者が社会資源を活用するためには，どのような社会資源があるのかを知ることが必要だと述べた。同じように，保育所が地域の関係機関や専門職と連携するためには，地域にどのような関係機関や専門職があるのかを知っていることが前提となる。

　また，関係機関や専門職との連携が保護者の支援につながるためには，単に関係機関や専門職の存在を知っているだけではなく，実際にやりとりをしてそ

の機関の特徴と強みを知っておくことが大切である。「けがの場合は○○診療所，発達の心配がある場合は××病院の△△医師が適切」という情報や，「知的な遅れがある場合は□□児童発達支援事業所がよいが，ASD（自閉症スペクトラム障害）傾向の場合は◇◇児童発達支援事業所のほうが子どもに合ったかかわりをしてくれる」といった情報は，それまでのかかわりの蓄積の中で生まれてくる大切な財産である。研修会や会議等で顔を合わせた際に積極的に情報交換をしたり，実際にその機関や専門職とかかわった保護者の感想を聴くなどして，その機関・専門職の強みを生かすことができるかかわり方を常に把握しておくことが，他機関と連携するときのポイントの一つである。

　関係機関や専門職と連携するときに考えておかなければならないもう一つのポイントは，役割分担である。例えば，保育所には，①毎日子どもと会うことができる，②子どもだけでなく保護者とも毎日接点がある，③発達に必要な人的・物的環境が整っている，④子どもを預かって24時間育てることはできない，などの特徴がある。これに対し，児童相談所には，①いざというときには子どもの身柄を保護する権限がある，②子どもを24時間預かる設備（一時保護所）がある，③保護者にとって気軽にかかわるイメージではなく距離も遠いことが多いので日頃からの関係をつくるのは困難，④一時保護所に保護されていない子どもの様子を毎日確認することは困難，などの特徴がある。

　子ども虐待の可能性が高い家庭に対して，この2つの機関が連携して支援を考えるのであれば，保育所は「日々子どもの様子を観察し，不自然なけがなどがないか確認する」，「保護者と気軽に話せる関係をつくり，子育てを支援する」，「家庭環境が整っていなくても園の環境を最大限に活用し，子どもの健全な発達を保障していく」といった役割を担うことが適切である。対して児童相談所は，「保育所から子どものけがなど状況悪化の報告があれば，すぐに状況を確認し，必要に応じて速やかに子どもを保護する」，「子どもの最善の利益のために，子どもがどこで暮らすのが適切か判断する」などの役割を担うことが適切だと思われる。

　このように，保育所にできないことは他機関にお願いし，他機関にできない

ことは保育所が担うといった役割分担をていねいに考えることが大切である。「あちらの機関がしてくれると思っていた」という連携ミスが生じないよう，お互いの機関の役割分担を明示して共有し，継続的に情報共有を行うことが望ましい。厚生労働省は毎年，虐待死亡事例を検証ししているが，検証報告書では「あちらの機関がしてくれると思っていた」という専門家の甘い認識のため，子どもの命を守ることができなかった事例がみられる。特に虐待事例への対応においては，関係機関とのていねいな連携が強く求められている。

(2) 社会資源の活用・関係機関との連携の実際

　ここでは，保護者が社会資源を活用するのを支援した事例と，保育所が関係機関と連携した事例を紹介する。社会資源の活用や関係機関との連携がどのように行われているのか，事例から理解を深めてほしい。

1) 社会資源の活用を支援した事例

　Cさんは，年中児D君の母親である。これまで，単身赴任中の夫と一緒に，共働きでD君を育ててきた。ところが，Cさんの職場の同僚が産休に入るため，来月から週に1回，19時まで仕事をすることが決まった。19時までの延長保育を申し込んでも，お迎えは19時半になるため間に合わない。困ったCさんは，せめて18時半までの勤務にできないか上司に相談したが，「19時まで勤務ができないなら退職してほしい。Cさんが辞めれば，19時まで勤務できる別の人を雇うことができる」と言われてしまった。「パートとはいえ，責任感をもって仕事をしてきたのに」と，上司の言葉に傷ついたCさんは，好きな仕事なのに辞めるしかないのかと思いつめた気持ちで，D君の担任に相談した。4月に就職したばかりの担任は，「私は詳しくないので，主任に相談してみます」と返事をし，翌日，Cさんと主任で話し合いの場がもたれることとなった。

　Cさんの話をうなずきながら聴いた主任が，「Cさんはこれまで頑張ってこられたのに，そんなことを言われてしまったのは，とても辛かったですね」と言ったとき，これまで我慢していた気持ちが堰<ruby>堰<rt>せき</rt></ruby>を切ったようにあふれ出し，C

さんは泣き出してしまった。しばらくしてＣさんの気持ちが落ち着いた後，「できることがあるか，一緒に考えてみましょう」と主任に言われ，いろいろな可能性を考えることになった。

　まずは，私的な社会資源について，可能なものはないか検討してみた。私的な社会資源として助けになることが多いのは，保護者の親（子どもの祖父母）や親族である。しかし，Ｃさんとその夫の場合，親や親族はいずれも他県で暮らしており，支援をお願いすることは現実的ではなかった。また，二人にとって生まれ育った街でもないため，学生時代からの友人など，頼れそうな友人はいなかった。公的社会資源については，用意しておいた資料をＣさんに見せながら，主任がファミリー・サポート・センターについて説明した（Ｃさんとの面談の前に，主任がファミリー・サポート・センターに連絡を入れ，条件に合った提供会員がいそうなことを確認済みであった）。

　主任の説明を聴き前向きな気持ちになったＣさんは，実際にファミリー・サポート・センターに連絡し，週に１度，19時前に保育所までＤ君を迎えに行き，Ｃさんが帰宅するまでの30分から１時間程度，自宅でＤ君を預かってくれるＥさんを見つけることができた。Ｄ君も，Ｅさん宅の子どもと仲よくなり，週に一度，Ｅさんの家に行くことを楽しみに思うようになった。

　すぐに社会資源に詳しい主任につないでくれた担任と，気持ちに寄り添い一緒に考えてくれた主任の連携プレーで不本意な退職をせずに済んだＣさんは，親身に子育てをサポートしてくれる保育所に深く感謝した。

2）保育所が関係機関と連携した事例

　Ｆちゃんは年長の女の子である。父親，母親，小学４年生の兄，小学２年生の姉の５人で暮らしている。４月に入園してから，朝，Ｆちゃんを保育所に連れて来るのは父親，お迎えに来るのは母親であった。しかし，５月下旬のある日を境に，お迎えに来るのが父親になった。担任が「最近，お父様のお迎えが多いですね」と話したところ，「妻の仕事が忙しいみたいで…」ということだった。そのときは特に気に留めていなかったが，保育の中でＦちゃんが友だちと言い争いをすることが多くなったり，髪のにおいから「洗髪していない

のでは？」と感じる日が増えたりしていた。

　6月中旬になって，地域の主任児童委員から保育所に，Fちゃんの家庭の様子についての問い合わせがあった。主任児童委員によると，夜の時間に子どもたち3人だけで家にいるようで，大声でけんかする声が聞こえてきて地域で問題になっているということであった。担任から，お迎えが父親になったことや，時々髪がにおうことがあると聞いた園長が，あわててきょうだい児がいる小学校に問い合わせを行ったところ，小4の兄が「お母さんは家にいない。お父さんは夜の仕事も始めたので，夜は子どもだけで家にいる」と話していることがわかった。すぐに町の家庭児童相談室（子ども虐待通告先の一つである福祉事務所の一部）に報告したところ，翌日に開催が予定されている定例の要保護児童対策地域協議会で話題にするので，できればお迎えにきた父親から状況を尋ねてほしいということであった。保護者と毎日接点があるのは保育所のみであるため，保育所が担うべき役割分担と判断した園長は了承し，夕方の父親のお迎えを待った。

　お迎えのときに，園長が「最近Fちゃんの様子が気になってます。お風呂に入ってない日もあるのかなと感じたり，気持ち面でもちょっと不安定になっている感じです。ご家庭で何か困ったことが起きていませんか？」と尋ねると，父親は，夫婦げんかをして妻が預金通帳を持って実家に帰ったことや，経済的に厳しくなり夜に日払いのアルバイトを始めたこと，家事と育児がまわらず，体力的・精神的に限界に近いと感じていることを打ち明けてくれた。

　翌日に開催された要保護児童対策地域協議会では，園長から家庭の状況の報告があり，夫婦間の問題と経済的な問題については家庭児童相談室，子どもの日々の様子の確認は小学校と保育所，父親の様子の確認は保育所が担当することになった。後日，生活福祉資金貸付制度の利用と月末に支給された父親の給料，7月に支給された夏のボーナスで経済的問題は解消し，夜のアルバイトをやめることができたと報告があった。妻との関係修復についてはもう少し時間がかかりそうとのことであったが，父親からは，家庭の問題を打ち明けたときの悲壮な雰囲気は消えていた。

演習課題

　本章で紹介した「在園児の家庭が利用する社会資源」,「地域の子育て世帯が利用する社会資源」が, あなたの住む自治体ではどのようになっているか, 調べてみよう。

■引用文献

1）中央法規出版編集部：社会福祉用語辞典（六訂版）, 中央法規出版, 2012, p.237

■参考文献

・入江礼子・小原敏郎・白川佳子編著：保育・子育て支援演習, 萌文書林, 2017
・大方美香・齊藤崇編著：子育て支援, 光生館, 2019
・厚生労働省：放課後等デイサービスガイドライン, 2015
・厚生労働省：保育所保育指針, 2017
・厚生労働省：病児保育事業実施要綱（令和2年4月改訂版）, 2020
・厚生労働省：子ども虐待による死亡事例等の検証結果等について　第16次報告, 2020

第5章
とも育てを支える
相談支援の基礎

1. 子育て支援における相談支援

(1) 相談支援とは

　近年の都市化，核家族化，少子化などの社会情勢の変化は，子育て環境にも大きな影響を及ぼしている。地域の子育ち・子育て機能は低下し，その結果育児ストレスを抱える家庭の増加，親子関係不全，子ども虐待などさまざまな問題を生じさせている。

　2001（平成13）年の児童福祉法改正，2008（平成20）年の保育所保育指針改定によって「保護者に対する支援」が位置づけられて以降，保育所においても家庭や地域社会の子育てを支援するさまざまな役割が求められるようになった。その役割の一つに保護者への相談支援がある。

　では，保育に求められる相談支援とはどのようなものだろうか。保育所保育指針では，「第4章　子育て支援」において，保育所の特性を生かした支援，保護者の養育力向上，地域の社会資源の活用などが示されている。また，保育所保育指針解説（厚生労働省，2018）では，「保護者が支援を求めている子育ての問題や課題に対して，保護者の気持ちを受け止めつつ行われる，子育てに関する相談，助言，行動見本の提示その他の援助業務の総体を指す。子どもの保育に関する専門性を有する保育士が，各家庭において安定した親子関係が築かれ，保護者の養育力の向上につながることを目指して，保育の専門的知識・技術を背景としながら行うもの」と明記されている。

　このように今日の保育者の役割として，子どもの育ちを支えることだけではなく，保護者との連携，相談支援など，家庭や地域社会の子育てを支援する中核としての役割が期待されている。

(2) 保育者の専門性を生かした支援

　相談支援では，ソーシャルワークやカウンセリング等の支援スキルを援用しつつ，保育者の専門性を生かした支援が求められる（第3章，p.28 参照）。

(3) 相 談 内 容

　保育現場へ寄せられる保護者からの相談内容は，子どもの発育・発達，基本的生活習慣やしつけなど，子どもや子育てに関する相談が中心である。しかし，子どもに関する相談以外にも，保護者自身の生活上の悩み，子どもの障害や病気への疑いや不安，さらには園に対する抗議や苦情など，その内容は多岐にわたる（表5-1）。特に現在は，子どもに関する相談の背後に，保護者自身の問題（夫婦間不和，育児不安，精神疾患など）が複雑に絡み合っていることもあり，保育現場における相談支援は難しさを増している。保育者は，こうした問題に対して，個々の保護者の背景にある複雑な家庭環境および心理状態を念頭に置き，相談支援を行う必要がある。

(4) 相 談 場 面

　保育所等における相談支援は，カウンセリング等の相談面接とは違い，日常保育のあらゆる機会をとらえて行われる。送迎時など日常の中での相談，行事等での相談，個別面接による相談などさまざまである。

1）送 迎 時

　送迎時は最も日常的に保護者との関係をつくれる機会である。朝のあいさつひとつにしても，保護者が保育者に親近感を抱くきっかけになる。また，保育所等での子どもの様子を伝えることや何気ない会話の中から，少しずつ保護者や親子の様子をとらえることができる。また，連絡帳やおたよりなどで，少し

表5-1　保育相談内容

	1. 基本的生活習慣	
子ども・子育てに関する相談内容	睡眠	生活リズムが定まらない，夜泣き，遅寝
	食事	偏食，少食，食べ遊び，食事に時間がかかる
	排泄	夜尿，頻尿，トイレットトレーニング
	着脱	着脱ができない，自分で着替えない
	2. 心身の発達	
	身体運動	歩行が遅い，身体運動がぎこちない，手先が不器用
	言葉	言葉が遅い，発音が不明瞭，語彙が増えない，会話が成立しない，2語文がでない，吃音
	社会性	友だちとの関係，集団行動ができない，集中できない，落ち着きがない，感情のコントロールが苦手
	しつけ・教育	しつけの方法がわからない，子どもが言うことを聞かない，子どもを叱ってばかりいる，子どもとの接し方・遊び方
保護者自身に関する相談	3. 家族関係，親子関係	夫婦間不和，祖父母との関係，母子父子関係，ひとり親家庭
	4. 子育て不安・育児ストレス	子育てに自信がもてない，子どもが可愛いと思えない
	5. 就労との両立に関すること	子どもと接する時間がない，経済的ゆとりがない
	6. その他	保護者の精神疾患，子ども虐待，園への苦情

でも保育の内容や子どもの様子を知らせていくことも，保護者の安心や信頼へつながっていく。保育者から，子どもの気持ちや行動の理解の仕方，心身の成長の姿などを伝えることは，保護者を励まし子どもへの理解を助けるという意味で，重要な支援といえる。

2）保護者が参加する行事等

　懇談会，個人面談，保育参観，保育参加，遠足や運動会などの行事も，保護者と信頼関係を深める大切な機会である。日常の保育や子どもの様子を伝えるだけではなく，保護者の子育ての悩みを聴く機会をつくることや，父親の参加なども含めて保護者の育児力を高め，子育てを楽しめる力を増す場として位置づけることも大切である。

3) 個別面接

　しかし，こうした日々の保育の中でのコミュニケーション以外で，保護者との個別面接が必要と判断される場合もある。内容によっては，担当の保育士だけでなく，主任や園長が対応することも必要である。相談を受ける保育者は，その専門性を活かした支援を基本としながらも，保護者の状況やその意向を理解して受容し，自主的に問題解決ができるように支援することが大切である。

個別面接が必要なケース
・保育場面で，子どもの心身の発達に問題が感じられるとき
・通常の保育の中では対応しきれない子どもの問題が生じたとき
・家庭での養育環境や親子関係に問題が感じられるとき
・保護者から相談の申し出があるとき

---

2. 支援者の基本的な態度

　相談支援では，相談者と支援者との間で信頼関係をいかに構築できるかが，支援を成功させるための要件となる。相談者に安心感をもち，心を開いて相談してもらうためには，支援者の姿勢や態度が重要である。相談を受ける際の支援者の態度や姿勢に関する代表的な理論として，ソーシャルワークの分野では「バイステックの7原則」，カウンセリングの分野では「ロジャーズの3つの条件」がある。両者に共通するのは，相談者の主体性を尊重する姿勢である。

(1) バイステックの7原則

　バイステック（Biestek, F.P., 1957）はケースワークにおいて，相談者と信頼関係を形成するために7つの重要な原則があると述べている（表5-2）。

(2) ロジャーズの3つの条件

　ロジャーズ（Rogers, C., 1957）は，支援を成功させる条件として，カウンセラーの基本的態度の重要性を3つの条件として提示している（表5-3）。

表5-2　バイステックの7原則

①個別化	相談者それぞれの生活背景や生育歴，性格の違いの独自性を認め，理解しようとする態度。
②意図的な感情表出	相談者が自己の感情を気兼ねなく表現できるように尊重してかかわり，相談者の感情に左右され不快感などの反応を返さない。
③受容	相談者の話や感情，態度を批判せずに受け入れる。ありのままの姿を受けとめられることで相談者は安心しては話すことができる。
④相談者の自己決定	問題解決はあくまでも相談者自身が主体的にする。支援者は情報提供したりアドバイスはするが指示はしない。
⑤非審判的態度	支援者は審判者ではなく相談者の理解者であり，相談者を裁くことはしない。
⑥統制された感情関与	支援者が援助過程で起こる自分の感情を冷静に自覚し，援助するという目的にかなうものであるか吟味し，統制しようとする態度。
⑦秘密保持	相談者のプライバシーや家族に関する情報などは決して口外しない。

表5-3　ロジャーズの3つの条件

①支援者の自己一致，真実さ	支援者自身，「自己概念」と「自分の経験」が一致していて，矛盾がない状態であること。
②無条件の積極的関心の経験	相談者のありのままの姿を温かく受け入れ，個人的な価値観に対しても尊重する姿勢。
③共感的理解とその伝達	相談者の立場にたって，その感情や情動へ共感的な理解をするように努めること。

3. 相談支援のプロセス（流れ）

　相談支援とは，専門的な知識や技術を用いて支援する専門的なかかわりであり，支援者の直観や経験にもとづいて行われるものではない。そのためには，相談支援がどのようなプロセスで行われるかについての理解が大切である。一般的に相談支援は，以下のプロセスで行われる。

表5-4　相談支援のプロセス

インテーク（受理面接）
※主に初回面接のこと

① 相談者からの相談を受け付け，支援を必要とする状況や課題を確認する。
② 所属する機関で相談内容が受け付けられない場合には，内容に適した他の専門
　機関につなぐ。
③ 保護者から保育者に相談を持ちかける場合，保育者が保護者に働きかける場
　合，他の専門機関からの通知や相談を受け相談が開始される場合などがある。

アセスメント（事前評価）
※相談に対する情報を収集し，それをもとに分析し，支援の方針を定めていく過程

① 相談者のニーズ，問題の背景や経緯，家庭状況，現在の状況に関する情報収集
　および行動観察を通して，問題の本質をとらえる。
② 保育者から見た保育場面での子どもの様子や，送迎時，行事の際の親子関係な
　ども重要な情報となる。
③ これらの情報を基に問題への仮説を立て，プランニングにつなぐ。

プランニング（支援計画の作成）
※相談者のニーズやアセスメントの結果を考慮しながら，支援計画を作成する過程

① 個々の家庭の抱える状況や，子どもと保護者の特性（性格や行動）をふまえ
　て，より実現可能性が高い支援方針を策定する。
② 必要に応じて，支援計画について当事者にも直接意見を聴き，意向を反映する
　ことや，他の専門機関との連携を検討する。

インターベンション（支援の実践）
※実際に相談支援をしていく過程

① 支援対象の状況や特性によってさまざまな展開があり，またアプローチの仕方
　や焦点の当て方は，支援者の経験や専門性によって異なる。多様な支援が可能。
② 子どもの発達の状況，家庭環境の要因なども大きく影響するので，ケース会議
　等を通じて園全体で支援していく体制をつくる。

エバリュエーション（事後評価）
※支援全体を通して問題解決に至ったかどうかを評価する過程

① 実際の支援を継続しながら，新たな情報や子どもの反応を見て支援の方針や対
　応方法も柔軟に変化させていくことが必要である。
② 支援が終結した際に，問題解決に至る過程をしっかりと整理し，残された課題
　を検討する。

4. 相談支援の方法

　相談支援は，支援者と相談者との援助関係を基盤にして展開される。これは友人関係などの個人的な人間関係とは異なり，社会的な関係として意図的に形成されたものである。この関係形成には支援者からの働きかけがより重要となり，支援者には相談を円滑に進めるための相談支援技法の習得が求められる。

(1) 相談支援技法とは

　相談支援で求められる技法とは，単に相手の話を聞くことや，事実を確認することだけではなく，相談者の感情表現を敏感に受けとめ（傾聴），意味を分かち合い（受容），信頼関係を築いていくための援助的なコミュニケーションスキルをいう。相談支援技法は，大きく分けて非言語的コミュニケーション技法と言語的コミュニケーション技法の2種類がある。

(2) 非言語的コミュニケーション技法

　人はコミュニケーションを行うとき，言葉を使い互いの感情や意思を伝え合う，いわゆる言語的なメッセージに目が向きがちになる。しかし，実は言葉以上に，顔の表情，視線，話し方，身振りなど非言語的要素が，より重要な役割を担っている。非言語的コミュニケーションは，感情や感覚の身体的な反応であり，言語による表現とバランスをとる中で，相談者と信頼関係を構築し，支援をよりよく進めるための重要な要因となる。イーガン（Eagan, J.）は，「私はあなたに十分関心をもっています」と相手に自然に伝える姿勢を SOLER（ソーラー）として示している（表5-5）。

　次に，面接をより効果的に進めるための非言語的コミュニケーション技法について見てみる。

1）表　　情

　表情は，非言語的コミュニケーションの中でも，最も相手へ印象やメッセー

表 5-5　SOLER 理論

S （squarely）	相談者と真正面に向き合う。これをすることで，一緒に作業する準備ができているということを伝えられる。
O （open）	開放的な姿勢をとる。体を斜めにし，腕や足を組んで話すと，防衛的，拒否的な印象が伝わり，相手に話しにくさを感じさせる。
L （learning）	相談者に向かってときどき上体を乗り出すようにする。こうすることで話を聴いていることを強調し，相手にも伝わりやすい。
E （eye）	じっと見つめないで，ときどき相手の目を見ること。こうすると相談者に関心を示していることを伝えられる。
R （relaxed）	適度にリラックスしていること。援助に自信があることが伝わり，また相談者をリラックスさせることにつながる。

（資料　ジェラード・イーガン 著／福井康之・飯田栄 訳：カウンセリング・ワークブック，創元社，1992）

ジを伝えられるものである。他者と向かい合ったとき，表情から相手がどのような感情状態にあるかを推測することは，人が社会で適応的に生きていくために重要な能力である。

　同時に，相手に向けて自分の意図や感情を表現することもまた重要である。

2）話し方（話す速さ，声のトーン）

　支援者がゆったりと安定した速さで話をすると，相談者に安心感や落ち着きをもたせることができる。相談者が怒りで興奮している場合や，緊張感から早口になり要領を得ない場合などは，特に効果的である。また逆に相談者が感情を込めて話をしている場合には，その話し方に波長（声のトーン）を合わせることで，共感していることが相手に伝わりやすくなる。

3）相づち，うなずき，視線

　相づち，うなずき，視線を合わせるなどの非言語的なメッセージは，面接を展開していくうえで有効な技法である。タイミングよく支援者が用いることで，相談者にしっかりと話を聴いていることが伝わりやすくなる。関心をもって聴いてくれる安心感は，相談者が話し続けることの原動力につながる。また問題解決に向けて重要な話題などが出た際に，支援者がうなずきや相づちを意図的に用いることで，話す内容を焦点化し，さらに深くその話題を引き出すこ

とも可能となる。

4) 沈　　黙

　面接場面での無言の時間は，支援者に不安やあせりを与えやすい。そうした際，支援者が間を埋めるために，次々に質問をしたり，面接に無意味な話題に切り替えたりすると，問題の本質に迫ることが難しくなる。話題が拡散することで相談者は思考が遮断され，自分自身や問題への洞察が深まらないということにつながる。相談者が思いを巡らせたり，自分の気持ちを言葉に置き換えようとする時間を，支援者は大切に見守ることが大切である。もちろん，面接の最初に何をどのように話せばよいかわからない，支援者の質問に答えを窮する場合などは，支援者がうまく会話をリードすることも必要である。このように沈黙の意味をとらえる感受性が支援者には求められる。

(3) 言語的コミュニケーション技法

　相談支援では，前述の非言語的コミュニケーション技法によって話しやすい雰囲気をつくりながら，言語的コミュニケーションによって進められる。

1) 繰り返し

　繰り返しは，相談者の言葉を支援者がそのまま繰り返し伝える技法である。これにより，しっかりと話を聴いているということを相手に伝えることができる。また，事実をもう少しくわしく尋ねたい場合や，その話題を深めたいときに，疑問形で繰り返すことで話の内容を焦点化することが可能である。この技法は，相談者の言葉を何でも繰り返すという意味ではなく，相談者が語るさまざまな話の中から，どの言葉を繰り返すかを意識的に選択する必要がある。

相談者：主人が育児に協力してくれなくて困っています。
支援者：ご主人が育児に協力してくれない…。
相談者：はい，こっちは仕事に家事に育児にと時間との戦いなのに…。特に子どもに対する接し方がひどい。
支援者：お子さんに対する接し方がひどい？
相談者：すぐに怒鳴るんです。自分の思うように子どもがしないと…。

2) 言い換え

　言い換えは，相談者の語った内容を同じ意味合いで支援者の言葉に置き換えて伝えるという技法である。相談者の話の内容を正確に理解し，的確な言葉で言い換えるという作業が必要であり，支援者にはある程度の技量が求められる。だがその分，内容を的確に言い換えられたときには，理解しているというメッセージを相談者により伝えることができる。また，相談者が伝えたい内容と支援者の理解にズレがある場合には，相談者が内容を訂正，補足する機会にもつながり，両者が確認作業をしながら面接を展開することができる。

> 相談者：近所に同じくらいの年齢の子どもがいるんですが，あいさつもしっかりしてるし，お話も上手だし…。うちの子は言葉遣いも悪いし，すぐ泣くし…なんかそれを見ていると，育て方が悪いのかって…。
> 支援者：不安になってしまう…。
> 相談者：不安にもなるし，気持ちが落ち着かないっていうか。このままじゃダメだっていうか…。
> 支援者：どこかあせってしまう気持ちがわいてくる…。
> 相談者：そうなんです。

3) 開かれた質問，閉じられた質問

　開かれた質問とは，「はい」「いいえ」で答えられない，答えが限定されない質問のことである。例えば「どのように感じましたか？」という質問は，相談者自身が体験から感じた思いを，自ら言葉にするプロセスが必要になる。

　一方，閉じられた質問は，「はい」「いいえ」など答えが限定される質問である。相談支援では，その人の家族構成や家族の状況，家庭を取り巻く環境など，支援を適切に行うために押えておくべき情報が多くある。閉じられた質問は，面接を進める中で必要な情報を的確に収集するために有効である。ただし，支援者が閉じられた質問ばかりすると，尋問のようになり，相談者が自分の思いを伝えられないことや，相談者の物事のとらえ方や感じ方など面接を展開する上で重要な情報をつかむことができなくなることもあるので留意したい。

相談者	：これまでも姑が家事や子育てについていろいろと注文をつけてくること 　　があったんですが。こないだ「あなたは甘すぎる，子どもにもっと厳し 　　くしなさい」って言ってきたんです。
支援者	：それを聞いてどのように思われました？（開かれた質問）
相談者	：本当にうるさい。いつもいつも。自分の考えばかり押し付けて，我慢す 　　るのも本当に限界です。
支援者	：これまでそうした気持ちを話されたことは？（閉じられた質問）
相談者	：いいえ，ありません。本人にはなかなか言えない。どうせわからないと 　　思うし。
支援者	：どのようなことをわかってほしいですか？（開かれた質問）
相談者	：私にも子育ての考え方があるってことですかね。お母さんの思っている 　　子育てだけじゃなく，いろいろな育て方があることをわかってほしい。 　　こっちだって悩みながら一生懸命子育てしてるんだから。

4）要　　約

　要約とは，相談者が語った内容を支援者が「つまり，○○ということです
ね」と要約して返す技法である。相談支援では，さまざまな悩みが重複してい
る相談者が面接の中で話をまとめきれないことや，話題が拡散してしまうこと
がある。この技法は，それらを整理することで，支援者が相談内容をよく理解
して聴いていることを伝えることができる。また，いくつかの相談内容を整理
することで，相談者がどの悩みを一番悩んでいるのか，面接でどの内容を優先
的に取り扱うのかなど，面接内容の焦点化にもつながりやすくなる。

相談者	：もともとあまり精神的に強くはないほうなのですが，今の夫と生活する 　　ようになってからはずいぶん前向きに過ごしてきました。でも，子ども 　　が生まれてからまた精神的に辛くなって，子どもに対して時々つらく当 　　たってしまうんです。私はこれまで自分の母親から大事にされた記憶が 　　なくてずっと寂しい気持ちがありました。ただ，そんな母が病気で家事 　　ができなくなり，時折手伝いに行くんですが，母親に対しても，「あなた 　　だけ辛いんじゃないんだから」って思わず怒鳴ってしまいました。本当 　　に，どうしたらいいかわからなくて…。
支援者	：<u>子育ての大変さに加えて，お母様との関係でも難しさを抱えているんで 　　すね。余裕がなくなって，お子様にも辛くあたってしまうことがある…。</u>

5) 解　　釈

　解釈は，相談者が抱える悩みや問題について，その本質的な部分を支援者がわかりやすく説明することで，相談者の現在の問題に対する気づきや洞察を深めていく技法である。この技法で最も大切なことは，支援者が解釈した内容が，相談者の新たな気づきや洞察につながったかどうかである。

> 相談者：子どもが私に対して，怒らせることをしてくる。きっと好きじゃないでしょうね，私のこと，怒ってばかりいるから。なんか私の中でも，子どもをかわいいと思えないというか。そういう思いがあるのかもしれないし…。
> 支援者：お子さんをどこかかわいいと思えない…。
> 相談者：主人は「お前が，そんなふうに怒ってばかりいるからダメなんだ」って言うけど，実際に育児のほとんどをしているのは私なんですよ。子育てをわかったように言うのがイライラする。何もわかってないくせに。
> 支援者：…私にはお母さんの怒りの裏に，「理解してもらえない」寂しさみたいな気持ちを感じます。もしかしたらその寂しさが，イライラや怒りにつながっているように思うのですが。
> 相談者：……うん。確かにそうですね。誰もわかってくれないって…。

(4) 相談者の感情を理解する

　これまで見てきた「繰り返し」「言い換え」「要約」「解釈」などの技法は，面接を展開していくうえで有効な技法である。しかし，これらの技法は単に話を進めていくためのものではなく，相談者の抱く感情を適切に受けとめ，信頼関係を深めるための技法としても活用できる。相談支援では，相談者の感情を支援者がどのように受けとめ，取り扱うかが，相談支援を進めるうえで非常に重要な鍵となる。

1) 感情を取り扱うことの大切さ

　相談を受けたときにどうしても目が向きやすくなるのは，問題を生じさせている原因を取り除くことや，解決のための具体的な方法を提示することである。もちろん，それで解決できる問題であれば適切な手段といえる。しかし，人が抱える問題や悩みは複雑な要因が絡み合い，すぐに解決策が見つからない

ことのほうが多い。また，解決策があったとしても，それをすぐに実行できないところに人は悩み葛藤するものである。そこに相談者が抱える感情の問題が存在する。人は問題や悩みを抱えると，不安や苦しさ自分や他者への否定的な思いなど，ネガティブな感情が沸き起こる。また人は，悩みが深ければ深いほど，そうした感情を一人で抱えることが辛くなり，誰かに理解してほしいという気持ちが強くなる。しかし，相談した際，もしその相手に辛い気持ちや感情が理解してもらえず，冷静に解決方法のみを示されたとしたら，どのような気持ちになるだろうか。問題解決に目が向くというより，理解されなかった思いのほうが強く残ってしまうだろう。相談支援においては，相談者が抱える問題とそのことから沸き起こる感情面を受けとめることが大切である。

2）支援者の役割

　支援者の役割は，相談者が感情を表出しやすい状況を面接の場でつくることである。面接において表出された感情は，相談者が抱える問題の根本をより深く理解するための重要な手がかりとなる。また，相談者が感情を表出し，支援者がその感情を理解できたとき，はじめて両者の間に信頼関係が形成される。

　こうした信頼関係にもとづいた支援は，相談者の孤独感や辛さを緩和し，心にゆとりを生み出す。この心のゆとりが，支援者の助言に耳を傾ける姿勢や，主体的に問題解決しようとする力となり，面接が建設的な方向へ展開していくきっかけとなる。支援者は相談者の感情を適切に受けとめ，適切に取り扱うための専門性（相談支援技法）をしっかり身につける必要がある。

事例検討① 発達相談のロールプレイ

一人で遊ぶことが多いG君

4月から幼稚園に入園した3歳児のG君は，当初から一人で遊ぶことが多く，友だちに対して話しかけたり，一緒にやりとりしながら遊ぶことが少ない子どもであった。はじめての子育てに一生懸命な母親は，降園時や参観などを通して，G君のこうした幼稚園での姿に悩み，担任の保育者に時折相談を持ちかけていた。相談の中では，友だち関係を築くことに消極的なG君への心配，そして何より自身の子育てについての不安や辛さを語ることが多かった。担任の保育者は保育経験15年のベテランであり，これまでもこうした保護者からの相談に応じてきた経験があったため，そうした経験をもとに励ましやアドバイスを行ってきた。そんな11月のある相談場面である。

演　習

① グループの設定

2人一組をつくる。

② ロールプレイ

それぞれが支援者（保育者），相談者（保護者）役になって，以下のやりとりの読み合わせをする。

保護者：Gはこのままずっとあんな性格なんでしょうか？　友だちと遊べない。

保育者：G君のペースがあるので，今は見守ることが必要だと思いますよ。

保護者：でも，いつまでたっても変わらない。

保育者：①前にもお話ししましたが，これまで同じようなお子さんがいました。でも成長とともに自然と友だちとかかわれるようになっていきました。まわりの大人があせると，余計に子どもがプレッシャーを感じてしまうものなんです。

保護者：でも，うちの子も同じなんでしょうか。私の育て方がよくないってずっと感じてて…。一人っ子だし，甘やかせ過ぎたんですかね。

保育者：②そんな心配せずに，今はどっしり構えて，子どものペースに寄り添う

> 　ことが大切ですよ。これまでもそういう場合が多かったですから。
> 保護者：でも，先生。私は他の保護者さんのように強い気持ちがもてないんです
> 　（涙がこぼれる）。

③　応答の考察

　ロールプレイ中の下線部①，②にあるような支援者の応答は，相談支援としては望ましくない例といえる。その原因がどのような点であるか，バイステックの7原則にもとづいて，2人で考えてみる。また，自分自身ならどのように応答するか考えてみる。

④　意見のまとめ・発表

　それぞれのグループの意見をまとめ，全体で発表する。

事例検討②　子どもとのかかわり方の相談のロールプレイ

子どもをつい感情的に叱ってしまう

> 　H君（4歳）の母親との面接場面。以前から，登園や降園の際に，「グズグズしないで早くしなさい！」，「なんでお前はみんなのようにできないんだ！」など激しい口調でH君をしかりつける姿，またH君がぐずると頭をパシッと叩く姿，さらにはH君自身が保育の場で「昨日，お母さんに怒られて叩かれた」などと口にすることもたびたびあり，園でも家庭支援の必要性を感じていた。
> 　これまでなかなか保育者との関係をつくろうとしなかった母親であったが，あるとき，あまりに疲れた表情をしていたことから，主任保育者がやさしく声をかけ，話を聴く場面をつくった。

演　習

①　グループの設定

　2人一組をつくる。

②　ロールプレイ

　それぞれが支援者（保育者），相談者（保護者）役になって，以下のやりとり

の読み合わせをする。

保護者：	最近は，子育てをしていくことが本当にしんどいと思うことが増えてきて…。主人も全く子育てに協力してくれないし…。
保育者：	（黙ってうなずく）
保護者：	気持ちに余裕がなくなるっていうのか，疲れてしまっているんです。
保育者：	気持ちにゆとりがもてなくなっている。
保護者：	はい，そんな中で H がわがままばかり言うと，ついつい感情的になって，叩いてしまうことも多くて…。
保育者：	①追い詰められてしまって，思わず手が出しまう…。
保護者：	はい，いけないことですよね…。
保育者：	②お母さんが子育てで抱えている辛さ，痛いほど伝わってきますよ。
保護者：	（涙ぐみながら）でも叩いたあとにいつも後悔します。何やってるんだろうって…。

③応答の考察

　ロールプレイ中の下線部①，②のような支援者の応答は，バイステックの7原則において，どの原則に即しているか。また，それが相談者にどのような影響を与えるか，2人で考えてみる。

④意見のまとめ・発表

　それぞれのグループの意見をまとめ，全体で発表する。

事例検討③　「プランニング（支援計画の作成）」をする

転勤の多い家庭への支援計画

【支援対象者】

　幼稚園年中組のI君（4歳10か月）とその母親Jさん（34歳：専業主婦）。家族は夫とI君の3人暮らし。夫の仕事によりほぼ2年ごとに転勤を繰り返している。

【相談までの経緯】

　他の子どもたちは，どの子も活発でしっかりしているのに，I君は元気に遊んだり友だちをつくったりせず，「何事にも覇気がなくボーとしている」。活発な

子になってほしいと入れた体操教室でも，みんなと同じことができない。「どうしてみんなのようにできないの？」とイライラしてＩ君に当たり，問い詰めているうちにカッとして叩いてしまった。体操教室の先生からも，「みんなと仲よくできず，友だちに乱暴する。家庭に問題があるのでは？」と言われ，日頃からのＩ君に対する不満と，体操教室への不信感が強まり保育者へ相談をもちかける。

【背　　景】

　夫の転勤は４度目というＪさんは，人とのかかわりも苦手な性格なこともあり，それぞれの居住地で親しい友人をつくれず，この地域でも幼稚園の親たちや近所の住人から孤立し，閉塞的な子育てを行っている。専業主婦で自分の趣味ももたず，関心事はすべて子どものことに集中するＪさんは，不安感が強く真面目で融通の利かない堅さが感じられる。子どもに対しては，些細なことまで気になり過干渉でＩ君の気持ちへの共感性が低いため，母子の愛着関係も育たない状況である。また，Ｉ君をしっかり賢く育てるのがよい母親，という思い込みに近い責任感をもっている。

　一方でＩ君は，生活や運動，知的な面での成長は年齢相応で，引っ込み思案で他者との関係性に多少問題を抱えるものの，順調な育ちと思われる。

演　習

① グループの設定

　４～６人のグループをつくる。

② 対応の考察（事例を読み，次の点について，まず個人で考えてみる。）

　・保育者としてどのような支援が可能か。支援計画を作成する（プランニング）。

③ 発表と意見交換

　個人ごとに考えをグループ内で発表し，意見交換する。また，グループの意見をまとめ，全体で発表し，さらに全体で意見交換する。

実践演習　ロールプレイ（自由テーマ）

　相談支援のロールプレイを行う。聴き手と話し手に分かれて，それぞれの役割に沿って会話をしていく。聴き手になったときは，本章で学習した<u>相談支援技法を意識的に用いて</u>話を聞くことを心がける。また，話し手になったときは，無理に（相手に気を使って）自分から話をし過ぎることなく，聴き手の問いかけや語りに応じて，自然な態度で相談をする。

演　習

① グループの設定

　2人一組をつくる。

② 相談内容の決定

　それぞれ相談する内容を決める。

　　例：「自分の進路について」「自分の性格について」「学業や保育実習について」など

　　　　※授業の一環なのであまりに深刻な悩みは選ばない。

③ 役割の決定

　話し手と聴き手を決める。それぞれの役割の内容は次の通り。

　・話し手は，悩みを相談する。

　・聴き手は，相談支援技法を用いながら悩みを聴いていく。

④ ロールプレイの実施

　・相談時間は10分間。

　・役割を代えてロールプレイを繰り返す。

⑤ 意見交換

　それぞれが2つの役割を終えたら，意見・感想を交換する。

第6章
とも育てを進める保育の場（園）における支援

1. 保育の場が果たす子育ての役割

　近年わが国では女性の就労を推進すべく，働き方改革を含め支援方策が充実し始めており，多くの女性が仕事をもって生き生きと働く社会になりつつある。しかし依然として，女性の就労には課題も多い。まず，子どもの預け先探しの不安から始まり，通勤にかかる時間，送迎の時刻と終業時間とのすり合わせ，園行事への参加，就学すれば学童保育等，心配事をあげればきりがない。

　仕事のストレスに育児不安が重なり働く母親の負担は大きい。筆者の知人のある女性は「仕事が多忙で疲れ果てて子どもを保育園に迎えに行ったとき，保育士さんが"お母さん，お仕事お疲れ様でした"と満面の笑みで迎えてくれたとき，その笑顔に安堵し泣いた」と告げてきたことがある。まさに保育者の「笑顔」は働く親の心をも救うのである。

　岸本ら[1]による，幼稚園・保育所に通う子どもの保護者が悩みや困り事の相談を誰にするのかという調査において，伴侶，実母，きょうだい，義母の次に「担任」という回答が多く，調査結果の15位までに担任，担任以外の保育者，主任・園長と園関係者が入っている。この結果から，保育者は親族以外の一番身近な相談相手であるといえよう。

　子育て支援の第一歩は信頼関係を築くことから始まる。保護者の信頼を得るにはまず，子どもをしっかり見て，その子の日々の様子，変化や成長を保護者にていねいに伝えることから始めるとよいだろう。

　筆者が保育の現場にいたとき，毎日鉄棒の逆上がりの練習に一人黙々と挑む子がいた。ある日，逆上がりができた瞬間を見ていた筆者は大喜びした。それを降園時迎えに来た母親に話すと，「先生，見ていてくれていたのですか？」と筆者が自分の子どものことを見ていてくれていたことに，おどろきと喜びを隠しきれない様子であった。子どもたち一人ひとりをていねいに見守るのは保育者として当然の職務であるが，それをこんなに喜んでくれたことに筆者自身がおどろいた。保護者は自分の子どもをしっかり見てほしいと願っている。

　どのような小さなことでも見逃さず子どもの成長の喜びを伝えることは，保護者への大きな支援となる。

　このように，日々の保育の営みを通して保護者との信頼関係は築かれていく。信頼関係ができれば，保護者は心を許し「この先生に話してみよう」「この先生に相談しよう」「先生の笑顔を見ると安心する」と思うであろう。信頼関係は，子育て支援の基盤なのである。

　では，保育の場においてどのような支援が必要か考えてみたい。保育の場における子育て支援の目的は，安定した親子関係の形成や保護者の養育力向上であるといえよう。保育の場には，一人っ子，きょうだいのいる子，核家族の子，三世代同居家族，ひとり親家庭等，生活環境の違う子どもたちが集団で生活している。遊びの場や用具類，時間や空間等物的な環境もそろっている。そのような保育の場の特性を生かしながら，保育者は乳幼児期にふさわしい生活の場をつくり，保育を行う。多様性に満ちたその環境は，保護者にとっても子育ての学びを得る絶好の場でもある。

　さらに保護者支援で大切なことは，保育者の保育に対する姿勢であり，一人ひとりの子どもたちへの愛情である。園の先生がわが子を慈しんで愛情をもって接してくれる姿を目の当たりにすれば，保護者も子どもに愛情をもって接していこうと感じるのではないだろうか。保育者の子どもに対する温かい眼差しはそのまま保護者への支援の眼差しにもなる。保育者がよきモデルとなって子どもに接する姿を見せることは，保護者の養育力向上につながるであろう。

　保育者は，それぞれの園の特色を生かしながら，誠意をもち，質の高い保育

を担保し続ける努力が必要である。保育所保育指針や全国保育士会倫理綱領などに掲げられている事項を日々注力，確認しながら保育を行いたい。

　保育者が子どもの健やかな成長を願い心から慈しんで保育をする姿を示すこと，そして保護者とのパートナーシップを大切に子育ての伴走者となることが極めて重要である。ともに子どもの成長を育みながら保護者のもつ子育ての力を引き出すことが保育の場が果たす大切な役割なのではないだろうか。

2.　保育所に通っている子どもの家庭への支援

　以下では，保育所に焦点を当ててみていこう。

　保育所は児童福祉法第39条にもとづき，保育を必要とする子どもの保育を行い，その健全な心身の発達を図ることを目的とする児童福祉施設である。保護者に代わり子どもの安全を担保しながら子どもの健やかな成長を育むために大切なことは，保育の場と家庭が乖離しないことである。家庭と保育所が連携を密にしながら協働して子どもの健やかな成長を保障することが重要である。

　また，保育所保育は養護と教育が一体的に展開されなくてはならない。子どもが安心して心委ねられる保育者の存在こそ養護の大切な部分であり，保護者もまた保育者の存在に助けられていくのである。ときに保護者は子育ての悩み，問題も自分なりに解決することがある。それでもなお，保育者に相談するのは自分の話を聞いてほしい，自分を知ってほしい，保護者自身も一人の人間として認めてほしいと思う気持ちがあるからではないだろうか。

　保育者は，単に保護者の話す内容を聞くのではなく心の声に耳を傾ける（傾聴する）ことで保護者に寄り添うことができる。この保護者の意図とすることは何か，真意はどこにあるのか自問しながら相手の話を聴くことで保育者と保護者の相互理解は始まっていく。

　では，具体的にどのような場面でどのように対応していけばよいのだろうか。保育の場での支援は受信型と発信型に分けられる。受信型は子どもや保護者からのアプローチ，発信型は保育者から保護者へのアプローチととらえられ

る。保護者や子どもの話をていねいに聞いいたり気持ちに気づいたりする受信型。子育て講座や講演会，ワークショップなどを通して情報を提供したり，子どもの日々の様子を伝えたりする発信型。この2つをそれぞれ保育場面でうまく使いながら支援を行うとよい。

　次に，主な保育場面と対応について考えてみよう。

(1) 朝夕の送迎時

　子育て支援は日常の何気ない会話から始まることが多く，その場面は送迎時が多いと考えられる。会話において，親子の様子，表情などから保護者の心のうちが見え隠れしたりする。その姿から子育ての状況をいち早くキャッチすることが必要である。また，会話がなくても保育者のやさしい笑顔で保護者を受けとめることを忘れないでいたいものである。

(2) 連　絡　帳

　連絡帳は日々の伝達事項や子どもの様子を伝え合うものであるが，ときに言葉では伝えられない心持ちを吐露したり，子育てでの困り事，考え事を記したりする，保育者と保護者の交換ノートでもある。連絡帳は子どもの成長の記録にも，育児日記にもなり得る。子育ての 証 として卒園後も残るものであり，読み返して振り返ることもできる保護者と保育者をつなぐコミュニケーションツールである。保育者は記録に残ることを意識して書く配慮が必要である。

(3) 園通信・園だより・クラスだより

　多くの園では毎月，季節の 催 し，行事日程，その他クラスの様子，歌っている歌，流行っている遊び等，子どもたちの活動の様子を伝えている。また，流行している疾病や予防方法等知らせる保健だより，食育に関する情報の提供を知らせるたよりもある。保護者は園通信を通して子どもの園での生活を知る手がかりを得る，単なる通信にとどまらない工夫をすることを提案する。

　また，ドキュメンテーションやICT（情報通信技術）により保育を可視化で

きるようになったため，園生活や保育の場面を身近に感じる工夫がなされるようになった。それらのおかげで子どもとの会話がより弾んだり，子どもの新たな成長の気づきがあったりする。

（4）保育参観・参加

　各保育所は独自に保育参観・参加を行っている。「参観日」は，子どもの活動の様子を観る，また一緒に活動をするなど内容はさまざまである。保護者にとって子どもの生活がよくわかる機会である。参観は同じ年齢の子どもたちの中でわが子の存在を客観的にとらえられるよい機会である。子どもたちを肯定的にとらえる視点などを知らせる工夫をしながら保育を進めていくとよいだろう。

　保育参観・参加について筆者の事例を紹介する。年長クラスの参観日に「とうさん，かあさん」（長野ヒデ子作，石風社，2005）の絵本を読んだ。その後，子どもたちは6歳の自分を画用紙に描いた。参観していた保護者（母親）に「6歳の頃の自分を書いてください」と伝え，子どもたちの横で幼い頃の自分を思い出しながら描いてもらった。

　さらに，参加していない保護者（父親）にも同じように6歳の自分を描いてもらい，後日それら3枚を一つのファイルにまとめて渡した。保護者は絵を描きながら自分の幼い頃を思い出し，今わが子がどのようなことを感じたり考えたりしているのか，また自分の親が自分を育ててくれたことなどを思い出したりして，とても意義深い参観日になったと言っていただいた（図6-1参照）。

　保育参観や参加は，保育者のアイディア次第でさまざまなかたちでの子育て支援が可能になる機会である。

（5）園　行　事

　運動会，発表会，製作展，誕生会といった園行事には，保護者は参観するだけでなく保育に参加する場合も多い。運動会での親子遊戯，親子競技を通して子の成長を感じ取り，園での様子を知ることができる。年少のときは泣いて走れなかった子どもが年長になれば堂々とクラスリレーが楽しめるようになって

図6-1　参観日の絵

いたり，人見知りで引っ込み思案だった子どもが発表会の劇で皆の前で堂々と
台詞が言えたりと成長の姿が伝わる場である。子どもの成長や行動を肯定的に
とらえ，その姿を保護者に伝えることでともに喜び合う場となる。

3. 多様化する保育と支援のニーズ

　保育所は地域に根ざした子育て支援の場として位置づけられ，幅広い支援事
業が進められている。多様な生活，就労の形態の保護者に対するさまざまな
ニーズに応えるべく，以下に示す支援の内容や場が整備されてきている。

（1）延 長 保 育

　保育所の開所時間は原則8時間（児童福祉施設の設備及び運営に関する基準第
34条）であるが，保育の必要に応じて前後2時間延長可能である11時間の開
所を基本とし，保育所の長が自由に設定できる[2]。延長保育を利用する保護者
とはコミュニケーションを密にとって連携を図り，子どもの長時間保育の負担
を軽減する必要がある。

（2）一時保育

　保護者の冠婚葬祭や通院，介護，リフレッシュ等，家庭において保育をすることが一時的に困難となった乳幼児について主に昼間，保育所その他の場所にで一時的に子どもを預かり，必要な保護を行うものである。「短期間，短時間という保育時間の不定期さから子ども理解の上に成り立つ保育を行うことが難しい，子どもにかかわる情報共有，保護者理解に関して困難を感じるなど保育者にとっても厳しい条件の中での保育となる」[3] という指摘もあるが，そのような状況下でも保育者は「子育て社会」を支えるエッセンシャルワーカーとしての職責をもち，保育を行っていかなくてはならない。

（3）休日保育

　保護者の勤務等により，休日にも保育が必要な乳幼児を保育所その他の施設において保育する。利用者が限られ需要も分散しているため，地域の実情に応じて行われる支援であり，各自治体，保育所によって内容の違いがある[4]。

（4）夜間保育

　基本的に22時頃までの保育を行う事業。多様化する社会環境では，就労の形態から夜間も子どもを預けなくてならない家庭は存在している。夜間保育所を含む多くの保育所において，夜間の保育ニーズに弾力的に対応できるようにすることが求められている[4]。また，市町村には計画的な基盤整備の検討が求められる。夜間保育では，長時間保育の子どもに対する生活面への対応や心身への影響を考慮し，家庭においても適切なかかわりを支援する必要がある。

（5）病児保育

　「保護者が就労している場合等において，子どもが病気の際に自宅での保育が困難な場合がある。こうした保育需要に対応するため，病院・保育所等において病気の児童を一時的に保育する」[5] 事業である。「病児対応型」「病後時対応型」「体調不良児型」「非施設型（訪問型）」等がある。感染症などにかかった

場合や，病後の回復期に，また保護者の就業中体調不良になった子どもを預けたりする。保育士，看護師を在駐させなくてはならないため，小児科に併設されていることが多い。

　以上のように保護者のさまざまなニーズに対応できる保育形態が整備されている。また近年では，医療的ケア児（生きていくために日常的な医療的ケアや医療行為，医療機器を要する状態にある子ども）[6] を受け入れる保育の場もある。医療的ケア児を受け入れることは保育者にとって多くの緊張も強いられる。しかし，医療的ケア児をもつ保護者も就労の希望があり，子育ての負担軽減のための支援も必要である。どの子どもも同じように保育と教育を受ける権利があり，環境が保障されなければならない。

　子育てを社会で支えていくとは，すべての子どもと保護者の安定した関係と幸せを皆で支えていくことである。障害のあるなしにかかわらず，医療的な対応等が必要な子どもも同じ保育所に通所し，多様性を受け入れながらともに生活をしていくインクルーシブ保育をめざしたいものである。

■引用文献

1）岸本美紀・武藤久枝：保護者が望む保護者支援のあり方―幼稚園と保育所のあり方―，岡崎女子大学・岡崎女子短期大学紀要研究紀要，(47)，2013，pp.17-24

2）松本博雄・石坂孝喜：保育者から見た延長保育・長時間保育，日本保育学会大会研究論文集 (54)，2001，p.24

3）加藤望：一時預かり事業において保育者に生起する葛藤とその背景，保育学研究第 57 巻第 3 号，2019，p.340・345

4）夜間保育事業に関する検討会：これからの夜間における保育ニーズへの対応を考える中間報告，全国社会福祉協議会・全国保育協議会，1994，p.147

5）厚生労働省子ども家庭局長通知（子発0401第4号），令和2年4月1日

6）全国保育士会：医療的ケアを必要とする子どもの保育実践事例集，全国社会福祉協議会，2019，p.4

事例検討④

生活リズムが不安定で，忘れ物が多い家庭への支援

　　年中クラスのK君は，眠そうな表情をしながら登園することが多く，保育者は園での活動や遊びになかなか集中できない様子が気がかりであった。母親に家庭での様子を尋ねると年の離れた夫は，仕事で家を空けることが多く月のほとんどは母親とK君の二人で過ごすという。母親は帰宅後，食事をすませると夜はほとんど友人とスマートフォンでのメッセージのやり取りで時間をすごし，K君にはタブレットでゲームをさせたり，絵本を見せたりして過ごしているという。また，夜遅くにK君を連れ近所のコンビニやスーパーに出かけることもあり，入浴は夜11時過ぎ，就寝時間も0時を回ることがしばしばである。

　　起床時間も遅く母親は職場への出勤時間にも余裕がないためか園の準備物を忘れることも多い。K君の家庭での生活リズムに不安を抱いた保育者はK君の生活時間の見直しと母親のK君の養育態度について話をすることにした。

考　　察

　　母親は子育ての比重が多く，子育てと仕事の両立のストレスから自分のための時間がほしいと感じていると考えられる。K君の存在よりも自分優先の生活を気づかないままに送っているのかもれない。

　　毎夜友人とのメッセージのやりとりが楽しいと感じる母親の気持ちを受け入れつつも，園でのK君の生活の様子を伝えていく。子どもの心身の発達には十分な睡眠と休養のバランスが大切である理由を説明しながら生活時間サイクルの改善を一緒に考え，提案するのがよいだろう。母親の考えや気持ちを聴き入れた上でアドバイスし，できることから始めていくことが大切である。入浴や食事の順番や時間を変えて睡眠に向かう準備をするように伝える，夫が仕事で家を空けることが多ければ父親の存在を身近に子どもに感じさせるにはどのような方法が考えられるか等，単に生活時間を改善することのみを伝えるのではなく，どのような時間の過ごし方をすればよいのかを具体的に提案しながら

改善方法を示すとよいだろう。

　絵本の読み聞かせもタブレット任せにするのではなく，母親自身が子どもに読んで聞かせることが親子関係や子どもの情緒の安定にどのように影響するかなど，きちんと説明し，子どもと向き合うことの大切さを伝えていくとよい。

　また，Ｋ君はどのように感じているのであろうか，保育者が感じているＫ君の気持ちを代弁しながら母親が子どもの気持ちに気づけるようにし，Ｋ君への接し方の改善を促していくとよい。そして大切なことは，アドバイスを伝えっぱなしにするのではなく，後日「その後どうですか？」「何か変化はありましたか？」などと，声をかけていくことである。改善が見えれば「お母さん，いいですね」と母親の努力を認めることも重要なポイントであろう。

　先生は自分たちのことを気にかけてくれている，保育者が味方でいてくれると思う気持ちは安心して子育てに取り組むことができ，母親の育児に対する思いも強まっていくのではないだろうか。

演　　習

① 役割分担

　Ｋ君の母親，Ｋ君，保育者役の３名

② 場面設定

③ 事例から推察されるそれぞれの気持ちを考えてみる

④ ロールプレイ　※以下のことを考えながら行う

・母親はどのような気持ちでいるのか，Ｋ君は家でどのような気持ちなのか，それぞれの気持ちを考えながら進める。

・家庭での過ごし方はどのようにすればよいだろうか。

・生活改善を促したその後の対応についても考える。

⑤ まとめ・発表と意見の交換

　母親の立場から気持ちやニーズをどのように代弁できたか，保育者としての対応の内容や受け答えなどについて，感じたことや意見などを交換し合う。

事例検討⑤

一時保育を利用する育児不安を抱える母親

　Ｌちゃん（2歳・女児）の母親が市民センターの「子育てひろば」の支援員からの紹介で一時保育を利用しに来園した。事前面談での聞き取りでは近隣に知り合いはなく，実家は遠方で両親は共働きのため育児の相談ごとはできないとのこと。

　子どもが生まれることは喜びではあったが，出産間近になると気持ちが不安定になり，夫に気持ちをぶつけていたこともあった。

　出産直後はＬちゃんのことが頭から離れず息をしているかどうかさえ，ただただ心配で仕方なかった。子育てに自信を失いかけていたとき，市民センターの「子育てひろば」を広報誌で知り参加した。支援員から保育所の一時保育を利用しリフレッシュタイムを設けるようアドバイスを受けての来園であった。しかし，母親はＬちゃんを一時保育に預けることを躊躇している様子であった。この母親にはどのような対応をすればよいのだろうか。

考　察

　出産後の育児不安をそのまま引きずりながら育児をしていくケースがある。この母親はどのようなことに不安を感じているのだろうか。保育者は事前面談で母親の気持ちをていねいに聞き，母親が感じている育児不安を少しずつ軽減させる方向へと導くことが必要であろう。単に育児だけが不安なのか，他に何か原因があるのか，母親の話の内容や話すときの視線や動作等を観察しながら母親の置かれている立場を推察し，母親の気持ちを受容・共感するなどしながら安心感を与え，適切な支援やアドバイスを行っていくのがよいだろう。

　そのうえで短時間での一時保育利用から始めていくのもよいだろう。この母親は預けることに罪悪感をもっているのかもしれない。第一子の子育ては，何もかもが初めてで不安と一生懸命さから「こうあらねばならない，こうあるべきだ」と自分で決めつけてしまうことがある。10〜30分の短時間の預かりから始めて徐々に時間を延ばし，数時間の利用に切り替えていくのもよい。

　また，最初は保育所での様子を参観してもらってもよいだろう。保育所での子どもの様子を実際に見ることで，母親が安心して子どもを預けることができるようになるかもしれない。

　保育所の一時保育は保育者にとっても難しい場面に直面することがある。通常の保育を行いながら慣れない子どもを預かること，預かる子どもの情報量も少なく子どもの理解に時間がかかる等，保育者にとっても厳しい条件での保育となる。

　しかし，集団生活の経験のない子どもにとっても保育所の生活時間は緊張の連続であろう。預けられた子どもの気持ちに寄り添いつつ，周囲の子どもたちとの環境を整えていき，どの子にとっても最善の利益を考慮した保育を行っていかなくてはならない。

　母親にとっても一時保育の利用によって身近に育児相談できる人や，場ができることは今後の子育てに安心して取り組めるようになるであろう。

　子どもと保護者，双方にとって保育所が「楽しく，安らげる場」となり得るよう，保育者はさまざまな課題をその知識と技術と経験で対応し「保育のプロフェッショナル」としての責任をもって子育て支援者としての役目を果たしていきたいものである。

演　習

① グループの設定

　　役割分担：Ｌちゃんの母親，Ｌちゃん，保育者，支援員

② 場面設定

　　子育て広場での場面，保育所での場面

③ それぞれの場面での母親の気持ちを考え，支援を考える

④ ロールプレイを行う

⑤ 発表と意見交換

　　各グループの発表を聞きながら，自分たちとの対応の相違について話し合う。

第7章
地域の子育て家庭に
対する支援

1. 地域の子育て家庭のニーズに対する支援

　誰にとっても，初めて経験する子育ては，日々変化し，成長する子どもとの生活によってもたらされるおどろきや楽しさ，喜びにあふれたものであると同時に，子どもを守り育てることに対する責任を伴った営みである。そのため，子育てに関する戸惑いやいら立ち，子どもの成長・発達に関する不安など，負担感や困難感をもちながら子どもと向き合って生活していることも少なくない。かつては，そのような負担感や困難が生じたとしても，親族や地域の手を借りて解決できたことが多くあっただろう。しかし，現代では少子化や核家族化などによる家族形態の変化から，小さい子どもと接する経験がないまま大人になる人も多く，また，女性の社会進出といった，働き方や生き方の選択肢が増えたことによる晩婚化や晩産化など，子育て環境は大きく変化している。

　地域とのつながりが希薄化する中で，仕事と子育てを両立させる環境が十分に整っていないこともあり，現在，3歳未満児の保育所等利用率は37.8％であり，約6割は家庭で子育てをしている（厚生労働省，2019）。さらに，社会や家庭での性別役割分業意識についても根深く残っていることもあり，アウェイ育児（地元でない見知らぬ土地での育児）やワンオペ育児（一人で育児・家事を行うこと）に陥りがちな環境においては子育て家庭が孤立しやすく，育児ストレスのリスクが高まることも考えられる。また，他者とかかわることが苦手な保護者にとって，SNSの利用は育児ストレスを緩和する効果があるとされる一

方で，根拠のない情報や誤った育児情報により混乱を招くとも言われている。保育・幼児教育施設の利用者のみならず，現代の子育て環境をふまえ，多様なニーズに合わせた支援に取り組んでいくことが求められている。

2. 地域の親子に対する支援を行う社会資源

（1）地域の子育て支援を担う人とその専門性

　わが国では，子育て家庭の現状に合わせてさまざまな施策を実施してきており，「地域子育て支援拠点事業」の創設（2007（平成19）年）や「子ども・子育て支援法」（2012（平成24）年）など，社会全体で子育て支援をする流れへと転換してきた。2015（平成27）年には必要とするすべての家庭が利用でき，子どもたちが豊かに育っていける支援をめざし「子ども・子育て支援新制度」が始まり，子育て世代包括支援センターの全国展開に向けた整備や市町村の支援体制強化など，国や市町村による子育て家庭への切れ目ない支援が期待されている。なお，子ども・子育て支援新制度では，教育・保育の場の拡充や職員配置，処遇改善により，保育の量と質の充実をめざすと同時に，「地域子ども・子育て支援事業」として地域の子育て支援の充実を図ることによりすべての子育て家庭を対象に社会全体で支えることをめざしている（表7-1）。

　例えば「地域子育て支援拠点事業」では，公共施設や保育所，児童福祉施設等，地域の身近な場所で親子に対する支援を行っている。従事者は子育て支援に意欲があり，子育てに関する知識・経験を有する者および児童福祉施設等の職員である。専門職である保育者だけでなく地域住民がかかわることで，子育て中の親子が気軽に集い，相互交流や子育ての不安・悩みを相談できる場となり，地域の子育て力の向上をめざしている。施設によっては，支援室の様子がわかる写真や活動カレンダーを紹介した掲示板を設置したり，専門家による離乳食指導や発達相談の日を設けたりするなど，初めて来た親子でも安心して過ごせるような環境整備を行っている。また，子どもの発達を促す遊具の設置や，子どもの育ちを可視化し，保育者と保護者で共有できるようなポートフォ

表7-1　地域子ども・子育て支援事業の概要

事業名	概　要
利用者支援事業	子ども又はその保護者の身近な場所で，教育・保育施設や地域の子育て支援事業等の情報提供及び必要に応じて相談・助言等を行うとともに，関係機関との連絡調整等を実施する事業
地域子育て支援拠点事業	乳幼児及びその保護者が相互の交流を行う場所を開設し，子育てについての相談，情報の提供，助言その他の援助を行う事業
妊婦健康診査	妊婦の健康の保持及び増進を図るため，妊婦に対する健康診査として，①健康状態の把握，②検査計測，③保健指導を実施するとともに，妊娠期間中の適時に必要に応じた医学的検査を実施する事業
乳児家庭全戸訪問事業	生後4か月までの乳児のいる全ての家庭を訪問し，子育て支援に関する情報提供や養育環境等の把握を行う事業
養育支援訪問事業	養育支援が特に必要な家庭に対して，その居宅を訪問し，養育に関する指導・助言等を行うことにより，当該家庭の適切な養育の実施を確保する事業
子どもを守る地域ネットワーク機能強化事業（その他要保護児童等の支援に関する事業）	要保護児童対策地域協議会（子どもを守る地域ネットワーク）の機能強化を図るため，調整機関職員やネットワーク構成員（関係機関）の専門性強化と，ネットワーク機関間の連携強化を図る取組を実施する事業
子育て短期支援事業	保護者の疾病等の理由により家庭において養育を受けることが一時的に困難となった児童について，児童養護施設等に入所させ，必要な保護を行う事業
ファミリー・サポート・センター事業（子育て援助活動支援事業）	乳幼児や小学生等の児童を有する子育て中の保護者を会員として，児童の預かり等の援助を受けることを希望する者と，当該援助を行うことを希望する者との相互援助活動に関する連絡，調整を行う事業
一時預かり事業	家庭において保育を受けることが一時的に困難となった乳幼児について，主として昼間において，認定こども園，幼稚園，保育所，地域子育て支援拠点その他の場所で一時的に預かり，必要な保護を行う事業
延長保育事業	保育認定を受けた子どもについて，通常の利用日および利用時間以外の日及び時間において，認定こども園，保育所等で保育を実施する事業
病児保育事業	病児について，病院・保育所等に付設された専用スペース等において，看護師等が一時的に保育等を実施する事業
放課後児童クラブ（放課後児童健全育成事業）	保護者が労働等により昼間家庭にいない小学校に就学している児童に対し，授業の終了後に小学校の余裕教室，児童館等を利用して適切な遊び及び生活の場を与えて，その健全な育成を図る事業
実費徴収に係る補足給付を行う事業	保護者の世帯所得の状況等を勘案して，特定教育・保育施設等に対して保護者が支払うべき日用品，文房具その他の教育・保育に必要な物品の購入に要する費用又は行事への参加に要する費用等を助成する事業
多様な事業者の参入促進・能力活用事業	多様な事業者の新規参入を支援するほか，特別な支援が必要な子どもを受け入れる認定こども園の設置者に対して，必要な費用の一部を保護する事業

リオやドキュメンテーションの作成など，子どもの発達や親子の関係づくりを促すような工夫をしているところもある。さらに，転勤族ママや多胎児ママといった，似たような不安や心配事を抱える特定の人を対象にした講座を開催するなど，多様なニーズを想定した支援も行われている。

「ファミリー・サポート・センター事業」では，地域の中で子育ての応援をしてほしい人（利用会員）と，子育ての応援をしたい人（提供会員）が会員となって，コーディネーターを介して提供会員が有償ボランティアを行うものである。各自治体が事業実施主体であるが，社会福祉法人やNPO法人に委託する形態もみられ，保育所・幼稚園等への送迎やその後の預かりなどがある。少しでも子育ての応援をしたい人であれば，講習を受けることによって誰でも会員になることができるような自治体もあり，地域住民同士の相互援助が期待されている。

このように，地域の親子に対する支援にはさまざまな社会資源（ニーズの充足や問題解決のために活用される制度・施設・機関・設備・資金・物質・法律・情報等）がある。保育者は自分が勤務する地域の子育て支援にどのような社会資源があるか理解し，必要に応じて役立てるようにしておくことが大切である。

（2）保育・幼児教育施設の特性を生かした子育て支援

保護者にとって，保育・幼児教育施設は重要な社会資源の一つである。これらの施設には，子どもの発達や保育，保護者対応に関する知識や技術，経験を積み重ねてきた専門家（保育者，調理師，看護師など）がおり，地域の子育て家庭に対応する支援については次のように明記されている（下線は筆者による）。

保育所保育指針第4章　3「(1) 地域に開かれた子育て支援」
ア　保育所は，児童福祉法第48条の4の規定に基づき，その行う保育に支障がない限りにおいて，地域の実情や当該保育所の体制等を踏まえ，地域の保護者等に対して，保育所保育の専門性を生かした子育て支援を積極的に行うよう努めること
イ　地域の子どもに対する一時預かり事業などの活動を行う際には，一人一人の子どもの心身の状態などを考慮するとともに，日常の保育との関連に配慮する

　など，柔軟に活動を展開できるようにすること。

幼稚園教育要領「第3章　教育課程に係る教育時間の終了後等に行う教育活動などの留意事項」

2　幼稚園の運営に当たっては，子育ての支援のために保護者や地域の人々に機能や施設を開放して，園内体制の整備や関係機関との連携及び協力に配慮しつつ，幼児期の教育に関する相談に応じたり，情報を提供したり，幼児と保護者との登園を受け入れたり，保護者同士の交流の機会を提供したりするなど，幼稚園と家庭が一体となって幼児と関わる取組を進め，地域における幼児期の教育のセンターとしての役割を果たすよう努めるものとする。その際，心理や保健の専門家，地域の子育て経験者等と連携・協働しながら取り組むよう配慮するものとする。

幼保連携型認定こども園教育・保育要領第4章「第3　地域における子育て家庭の保護者等に対する支援」

1　幼保連携型認定こども園において，認定こども園法第2条第12項に規定する子育て支援事業を実施する際には，当該幼保連携型認定こども園がもつ地域性や専門性などを十分に考慮して当該地域において必要と認められるものを適切に実施すること。また，地域の子どもに対する一時預かり事業などの活動を行う際には，一人一人の子どもの心身の状態などを考慮するとともに，教育及び保育との関連に配慮するなど，柔軟に活動を展開できるようにすること。

　このように，保育者は子どもと保護者に対して保育を通してかかわるだけでなく，一時保育や預かり保育といった「一時預かり事業」，園庭開放等による「子育て拠点」などの役割を担い，地域の実情に合わせた支援が求められている。

1）一時預かり事業

　一時預かり事業は，日常生活上の突発的な事情や社会参加などにより，一時的に家庭での保育が困難となる場合や，育児疲れによる保護者の心理的・身体的負担を軽減するための支援として，子どもを一時的に預かるものである。この事業を利用する子どもは，普段の家庭保育とは異なる環境に置かれることで不安と緊張を抱えていることが予想される。落ち着いて過ごせる空間，年齢に合わせた遊具の準備など，安心して過ごせる環境を整えることが大切である。

また，保護者についても子どもを預けることになった背景に支援を得られない環境や情緒の不安定さなどがある可能性をふまえてかかわることが重要である。利用する中で保育者への安心感が芽生え，個別相談につながることもあるため，保護者の気持ちを受け止め，ていねいに対応することが求められる。

2) 子育て拠点

子育て拠点の役割としては，地域で子育てする親子への直接的支援だけでなく，親子をつなぎ，交流を促す間接的支援も含まれており，保育者はその専門性を生かし，以下のようなことを行っている。

① 遊びの企画

保育・幼児教育施設には，園庭やプレイルームなどがあり，さまざまな遊具やおもちゃが備えられる等，遊び場としての機能がある。加えて，製作活動，運動遊び，絵本の読み聞かせや行事にまつわるイベントなど，季節や年齢に合わせた親子遊びを実践しており，親子の交流や他の親子の姿に触れる学びの場になっている。大学と連携している場合，学生が手遊びの実演をしたり，手作りおもちゃを提供したりと，社会資源の一つとして子育て支援の役割を担っている。

② 子育て相談

保育・幼児教育施設では，子どもの成長発達や病気，食事の面などさまざまな悩みに対応できるよう，保育者以外に看護師，栄養士，心理師等，さまざまな専門的知識をもったスタッフがかかわっている。「言葉が出ない」「絵本を座って聞けない」「イヤイヤ期に困っている」「感染症対策はどうすればいいのか」「離乳食が進まない」などの相談に対し，カウンセリングマインド（受容・共感・自己一致）の姿勢をもち，適切なアセスメントのうえ，

応じることが必要である。なお，内容によっては支援者の専門性の範 疇 を超えることもあるため，その際には関係機関への紹介および連携をする等，柔軟な対応をする必要がある。

③　子育て講座

保育・幼児教育施設に従事するスタッフの専門性を生かした子育て講座やペアレンティングプログラムなどが開かれている。そのスタイルはさまざまで，そのときに参加していた保護者の意向をくんだテーマを設定し（例えば「イヤイヤ期にどう対応するか」「離乳食の進め方」など），希望者に対して座談会形式で講座を開く場合もあれば，トレーニングを受けた専門家による構造的なプログラムもある。いずれの講座についても，子育てに関する問題や不安を抱えた保護者が自身の悩みを吐き出すことで楽になったり，同じような悩みを抱えた人たちがいるといった安心感や多様な子育て実践を見聞することによる視野の広がりを得たりできるようになっている。

④　情報提供

保護者の問題解決に役立ちそうな子育てに関連する情報（子育てのヒント，講座情報，遊びや絵本の紹介，他機関のイベント紹介など）を保育者が直接伝えることもあれば，わかりやすい場所にパンフレット等を置いたり，ホームページや掲示物，おたよりなどで最新の情報を間接的に伝えたりすることもある。また，SNSの普及に伴い，育児サークルなどの活動も積極的に動き始めていることから，保護者同士のつながりを促すような情報提供も行われており，保護者が自身のニーズに合わせて支援を選択できるよう，環境を整えておくことが大切である。それと同時に，保育者は自身が勤務する地域の支援情報に日ごろから関心をもち，情報収集をこまめにしておき，必要に応じて社会資源と専門職が連携を図りながら，子育て家庭を支えることが望まれる。

(3) 保育者の専門性を生かした場づくりと支援

　市町村によって地域の子育て支援に関する内容はさまざまであるが，その場に初めて足を運ぶ保護者の中には，不安や緊張を抱えている人も少なくない。どの利用者も安心して過ごすことができ，必要に応じて相談できるような環境を整えるため，保育者は次のようなことを意識しておくことが大切である。

1) 環境づくり・関係づくり

　保育者は，居心地のよい空間をつくるため，明るく安全で，清潔感のある室内になるよう心がけるとともに，場に慣れない人でも落ち着けるような掲示板コーナーの設置や，利用者同士が自然とかかわることができる機会をつくるなど，さまざまな利用目的の人たちが安心できる場をつくることが大切である。また，あたたかい声かけや，どの利用者に対しても公平な態度で接することにより親しみやすい雰囲気をつくり，注意深い見守りを意識することによって保護者との信頼関係を築くことも重要である。

2) 支援する

　支援の際には，保育者が親子の抱える課題に気づき，その解決に寄り添う姿勢が求められることから，自身の価値観や固定概念にとらわれず，親子関係の多様性を認める態度が大切である。また，子どもの行動に関する相談では，行動の背景をとらえることで支援の糸口が見つかることもあるため，保育者は年齢に応じた発達的特徴について専門的知識を備えていることも重要である。そして，自分が対応できる相談内容かどうかを見極め，一人で抱え込まないようにすること，必要に応じて他の専門職や機関と連携することも必要である。

■参考文献

　・子育て支援者コンピテンシー研究会：育つ・つながる　子育て支援―具体的な技術・態度を身につける 32 のリスト，チャイルド社，2017

事例検討⑥

イヤイヤが激しい子どもとその母親への支援

> Mちゃん（2歳・女児）は両親と3人家族である。母親の実家は県外にあり，現在の住まいから歩いて5分程度のところに義父母が住んでいる。ようやく二語文が出てきて，簡単な指示は理解している様子にもかかわらず，最近特にイヤイヤが激しくなってきて，母親は家で怒ってばっかりになってしまう。着替えるときも「イヤ」，子育て教室に出かけるときも「イヤ」，子育て教室では楽しそうに過ごしているが，帰ろうとすると「イヤ」，食事の時間も「イヤ」…。癇癪を起こして泣いたり，その場から動かなくなったりするなど，どう対応したらよいかわからない。腹が立って叩いてしまうこともあり，自分にも嫌気がさしてしまうが，Mちゃんの行動はエスカレートするばかりで困っている。

考　察

① 年齢ごとの一般的な発達的特徴を知り，子どもの成長・発達をとらえる

　年齢ごとの発達的特徴を知っておくことで，子どもの行動の背景をイメージしやすくなることがある。2歳児では心身の成長とともに行動範囲が広がり，自己主張が強くなるものの，それを具体的に表現したり思い通りに行動したりすることはまだ難しく，自分の思いと違うことに対して癇癪を起こすことがある。これは，第一次反抗期（通称：イヤイヤ期）と呼ばれる，子どもの成長に必要なものであるが，保護者にとっては「魔の2歳児」と呼ばれるほどにかかわり方が難しくなる時期でもある。気持ち（何をしたかったのか，どんな気持ちになっているのか）を受容し，代弁するといったかかわりが大切になる。

② 保護者の想いに寄り添って話を聴く

　支援を検討するにあたり，保護者が何に困っているのか，なぜ困っているのかを知ることが必要である。そのためには，保育者が話しやすい雰囲気をつくり，保護者の想いに寄り添う姿勢が大切である。また，子育て環境やサポート体制などについても聴いておくと支援の方向性を検討する際に役立つだろう。

③ 子どもの育ちを促し，親子の関係を支援する

　子どもの姿や発達的特徴，母親の気持ちなどから，相談の内容を総合的にとらえ，具体的支援について検討することが大切である。例えば，イヤイヤ期への対応として，着替えのときにはお気に入りの洋服を準備する，子どもに選ばせる等，保護者が実践できそうなことを伝えるとよい。また，叩くといった不適切なかかわり等，親子関係に課題が生じている可能性もあることから，母親のかかわり方のよい部分を伝えたり，保育者が遊び方のモデルをさりげなく示したりするなど，親子の関係形成を意識する必要がある。ただし，事例の母親の場合，かかわり方に自信をなくしていることもうかがえ，提案が一方的な押しつけにならない配慮も大切であろう。また，保育者自身が支援室の中でできることには限界があることを知っておくことも重要である。対応が難しいと感じる場合には，地域の社会資源に関する情報提供，他機関との情報共有・連携など，地域全体で親子を支援する視点をもつことが望まれる。

演　習

① グループの設定

　2人組をつくる。

② 役割分担

　Mちゃんの母親，保育者（子育て支援室担当）

③ 対応の考察

　・2歳児の発達的特徴（運動面・認知面・言語面など）について調べ，Mちゃんが「イヤ」という場面に，どのような対応を提案できるか考えよう。

　・Mちゃん，母親，親子関係について具体的支援の方法を考えてみよう。

④ ロールプレイ

　③で考えたことを反映させながらロールプレイを行う。

⑤ 意見交換

　事例と考察，ロールプレイを通して考えたことや感じたことを各自で考え，グループで話し合った後，全体で意見交換する。

第8章
気になる子ども・障害のある子どもと
その家族に対する支援

1. 気になる子ども・障害のある子ども

　気になる子ども・障害のある子どもの保護者や家族への支援を考えるにあたり，まずは子どもの理解について，基本的な知識を確認しておきたい。

(1) 気になる子どもとは
　保育の現場では，「気になる子ども」という言い回しが使われることがある。同じ年齢・月齢の子どもと比べて言葉や身辺自立が遅い，他の子どもに興味をもたない，集団への指示が理解できない，いつもべたべたくっついてくる，すぐに手が出る，部屋から飛び出していくなど，保育者から見て他の子どもたちの様子とは違って見える子ども，他児と同じ保育ではうまくかかわることができない子どもを指している。これらの子どもは，子どもの発達保障の観点や安全管理の観点から見逃すことができない存在である。その他の子どもたちとは異なる発達上のニーズをもち，「○歳児には△△をしておけばうまくいく」という大雑把な保育では対応できない。その子が何に困り，何を求めているのかていねいに解き明かし，その子に合った保育を保障する必要がある。

(2) 気になる子ども・障害のある子どもの理解と支援
　気になる子ども・障害のある子どもの理解と対応の詳細については，「障害児保育」の授業で学んでほしい。しかし，子ども本人の理解と支援に関する知

識・技術は，保護者への支援の基礎となるため，簡単に確認しておこう。

1）身体障害

　身体障害とは，肢体不自由（手や足などの運動機能に不自由がある状態），視覚障害，聴覚障害，内部障害（体内の臓器に障害がある状態）など，身体の機能に何らかの問題があることを意味している。

　身体障害の子どもに対する支援は，どの身体機能に障害があるのか，生活の中でどのような点に困っているのか，機能障害をサポートする補装具が使用できるのか等によって，大きく違ってくる。医師の助言や本人の希望，保護者との相談をもとに，保育所等での生活に必要な支援を決めていくことになる。

2）知的障害

　知的障害とは，言語の使用などの知的機能や社会的適応に発達上の遅滞があることを意味している。初語が遅い，語彙が増えない等の言葉の発達の遅れや，衣服の着脱，排泄の自立といった身辺自立の遅れ，遊びの内容が幼かったり年下の子どもとばかり遊ぶ等の社会性の発達の遅れなどがみられる。

　知的障害の子どもに対する支援は，実年齢にとらわれないことが大切である。「他の子と同じことができるように」と求めすぎると，難しすぎる課題に自信を失い，情緒不安定になることがある。今その子が楽しめている世界を共有しながら，その子にとって一歩先の課題に誘っていくことが大切である。

3）発達障害

　発達障害のうち，小学校就学前の段階で気づかれることが多いのが，ADHD（注意欠如・多動症）とASD（自閉症スペクトラム障害）である。

　ADHDでは，忘れ物をしたり指示を聞き逃したりする「不注意」や，じっと座っていられないなどの「多動性」，思いついたらすぐ発言したり行動したりする「衝動性」がみられる。特に衝動性は，「友だちを叩くのはいけないこと」と理解していてもカッとなったら手が出てしまう，みんなが静かに絵本に集中しているときに「ボク知ってる！　動物園で見た」と大きな声を出してしまうなど，保育者が困る「問題行動」として現れることが多い。適切な対応方法を身につけておかないと，「お友だちを叩いちゃダメでしょ！」，「絵本を読

んでるときはお口はチャックと言ったでしょ！」のように，大声で保育者の感情をぶつけ，力で言うことを聞かせる保育になってしまいがちである。

　衝動性が目立つ ADHD の子どもに対する支援は，ていねいに観察し，その子が体験している世界を理解することが基本である。「わかっているのにできなくて，この子自身が一番苦しんでいる」と感じられたとき，保育者は，力で言うことを聞かせる保育では，その場の安全は守れても，その子の発達を保障できないことに気づく。「カッとなったときにどうしたらよいか，一緒に考えようか？」と言えたとき，支援の最初の一歩を踏み出すことが可能となる。

　ASD では，社会的コミュニケーションの難しさや，行動や関心，活動におけるこだわりがみられる。多くの子どもは，「これ見て！」など，気持ちを共有してもらうために言葉を使用する。しかし ASD の子どもは，してほしいことを伝えるために言葉を使っても，気持ちの共有のために言葉を使うことは少ない。また，電車にしか興味がないなど，興味・関心や行動が「こだわり」と思えるほど固定されていることが多い。広い世界を体験してほしいと思い，保育者が「こだわり」を無理にやめさせようとすると，パニックになることもある。

　ASD の場合，世界の感じられ方や人間関係のあり方が通常と大きく異なるため，ASD の知識を学ばずにその子が生きている世界を理解することは困難である。ASD に関する一般的な知識を手がかりにしながら，その子らしい主観的な世界を理解していく必要がある。支援目標は，その子の世界を大切にしつつ，社会生活との接点や折り合いを付けられる部分を増やすことである。その子の世界を否定し，障害のない子どもと同じ行動をさせることが目的ではない。

4) 感 覚 過 敏

　ASD などの発達障害に伴うことが多い症状の一つに，感覚過敏がある。これは，聴覚や触覚など一部の感覚が非常に敏感な状態を表している。例えば聴覚過敏の場合，保育室のざわめきが耳に突き刺さるほどの騒音として感じられ，部屋にいられなくなって飛び出したり，周りの騒音を打ち消すために自分で「あー，あー」などの大声を出したりすることがある。触覚過敏のため，軽

いタッチがとても痛く感じられ，「叩かれた！」と怒り出すケースや，味覚過
敏が原因で激しい偏食が起きていたりするケースもある。

　感覚過敏の問題は，「それくらい我慢したら」とか，「そのうち慣れる」と軽く
とらえられがちである。しかし，本人にとっては我慢したり慣れたりできる限
度を超えた苦痛であることを理解しておきたい。本人に確認しながら，刺激を
軽減したり，逃げ場所や気がまぎれるものを用意する等の対策が必要である。

2. 子どもの姿の受容と園での過ごしやすい環境

　気になる子ども・障害のある子どもの保護者や家族への支援を行うには，ま
ず，その子ども自身が保育所等の中で受け入れられ，生き生きと過ごせている
ことが必要である。保育者がどんなにていねいに保護者に対応しても，子ども
が登園を嫌がっていれば，保育所等や担当保育者に対する信頼は生まれない。
　本節では，子どもが生き生きと過ごせるためのポイントを解説する。

（1）ありのままの子どもの姿の受容

　気になる子ども・障害のある子どもが保育所等の中で生き生きと過ごせるた
めには，本人が保育所等での生活で，安心感を感じている必要がある。安心感
は，責められたり怒られたりしないこと，困ったときは助けてもらえること，
保育所の中で楽しいと思える瞬間があることによって育っていく。

　衝動性が強い子の場合，保育者から見れば，「どうしてそんなことをする
の？」と思うような言動が繰り返されることも少なくない。しかし，その子の
視点からとらえ直すと，何らかの意味があっての行動であることがわかる。読
み聞かせの時間になると必ずお部屋から出ていくのは，その時間に通る電車を
見たいからかもしれない。友だちにすぐに手を出してしまうのは，自分の大切
な積み木を取られて困った気持ちをどう表現してよいかわからないからなのか
もしれない。たとえ保育者にとって不都合な言動であっても，本人にとって意
味がある言動としてありのまま受容し，その子の視点からの意味を考え続ける

保育者の姿勢が求められる。

(2) 園での過ごしやすい環境

　子どもの視点から園での生活がどのように感じられているか理解できてくると，その子が過ごしやすい人的環境・物的環境を整えることが可能になる。

　例えば，気になるものが見えるとそちらに気をとられて集中力が失われやすいのであれば，その子が保育者を見るときに背景がシンプルになるよう，位置関係を考えたり，装飾が少ない壁面を用意しておくことができる。おもちゃを片づける場所がわからないなら，棚ごとにどのおもちゃを片づけるか写真で示すことも可能である。保育室の中を走り回るのであれば，運動不足と理解し，外遊びを増やすこともできる。言葉の発達が遅い子が絵本に興味をもったのなら，一緒に絵本を見て「ワンワンだね」と言葉を添えることができる。

　このように，その子の困り事や発達のニーズを理解し，人的環境・物的環境を整えることができれば，その子の保育所等での生活はより過ごしやすいものになり，これまでにはなかった新しい成長が生じやすくなる。以前よりも生き生きと園に通う子どもの姿を見た保護者は，園や保育者に対して信頼感を強く感じるようになるのは，言うまでもない。

3. 保護者の理解と保護者支援

　子どもの発達に気になる部分や障害があることを保護者が受けとめるのは，なかなか大変なことである。本節では，子どもに気になる部分や障害がある場合の保護者の心理や，保護者に対する支援について解説する。

(1) 保護者の心理

　ドローター(Drotar, D., 1975) らは，障害を受けとめる過程を5つの段階で説明した。①ショック，②否認，③悲しみと怒り，④適応，⑤再起である。個人差があったり，行きつ戻りつしながらになることも多いが，ここでは，保護者

のショックは非常に大きく最初は否定したくなることや，あまりの辛さに塞ぎ込んだり，周りに怒りをぶつける時期もあることを理解しておきたい。

　障害の診断が出ていない段階でも，気になる保護者の多くは，「うちの子はなんか違う気がする」という漠然とした違和感を感じていることが多い。以前は，障害があると明確になるのが怖く，「このままやり過ごしたい」という気持ちの保護者がほとんどであった。最近は，「障害であることをはっきりさせて，ちゃんと支援を受けたい」と感じている保護者も増えてきた。

（2）保護者との信頼関係

　子どもの気になる部分や障害に関する話題は，保護者にとって非常にデリケートな話題である。そのような話が保護者とできるようになるためには，信頼関係が必要である。この，信頼関係構築に役立つのが，これまでに説明した，子どもに対するていねいな支援である。

　例えば，お迎えに来た保護者に保育者がこんな話をしたらどうだろうか。「○○君，いつも絵本を最後まで集中して聴くことができなかったんですが，今日は最後まで聴けましたよ！　どうやら，前に座っている子が動くのが気になって集中できなかったみたいです。一番前の席にしたら，すごい集中力でした！　必要なもの以外が目に入ると集中力が途切れるのを早く気づいてあげられなくて申し訳なかったです。今度は製作活動でも机の上に道具をたくさん出さないようにしてみます。集中力がアップしそうで楽しみです！」。おそらく保護者は，この保育者が自分の子どもをよく理解し，保育所等での生活がよりよくなるよう，心を砕いてくれていると感じるのではないだろうか。このようなていねいな保育実践と成功事例の共有が，保護者との信頼関係を強くする。

（3）保護者の気持ちの受容

　他の子と違うという違和感の有無や，障害に対する理解など，保護者の気持ちは人によってさまざまである。また，一人の保護者の中でも，「子どものためにちゃんと向き合いたい」という気持ちと，「でも怖い」という矛盾する気

持ちのどちらもが強く感じられることもある。

　このような場合，もし保育者が，「ちゃんと向き合いたい」という気持ちだけに共感すると，保護者は，怖くて向き合いきれない自分を責められたように感じる。逆に，「怖くて向き合いきれない」という気持ちだけに共感すると，「ちゃんと向き合いたい」という気持ちが無視されてしまう。そのため，保育者は，複雑に絡み合った気持ちのどれか一つだけを応援するのではなく，ありのままの気持ち全体を受けとめること，保護者が自分の気持ちの整理をつけるまでねばり強く寄り添うことを心がける必要がある。

4. 社会資源との連携・小学校への接続

　さまざまな社会資源を活用することで，気になる子ども・障害のある子どもへの支援をより手厚くすることができる。ここでは保育所等と並行して利用する社会資源と，小学校への接続について解説する。

（1）保育所等と並行して利用する社会資源
1）児童発達支援
　児童発達支援は，就学前の障害のある子どもが通所し，日常生活における基本的な動作や集団生活への適応等に関する支援（療育）を行うことをいう。現在は，保育所等に通いながら，週に数日のみ児童発達支援を利用することもできる。地域の中核的な療育支援機関である「児童発達支援センター」と，数が多くより身近で通いやすい「児童発達支援事業所」がある。

　障害のある子どもが集まる児童発達支援センターでは，分離保育が行われている。障害児保育に特化した専門性をもつ職員が保育所等よりも手厚く配置されていることや，設備も整っていることから，ていねいな療育が可能である。
2）保育所等訪問支援
　障害がある子どもが障害のない子どもたちと一緒に集団生活を行うために，専門家が保育所等を訪問し，対象児に直接支援をしたり，保育者にかかわり方

や環境の整え方のアドバイスを行うサービスを，保育所等訪問支援という。

　保護者から申し込んでもらうことで，2週間に1回程度のペースで数時間保育所等に来てもらうことができる。専門家が来て一緒に保育に入るので，現場の保育者が対象児へのかかわり方を学ぶことができる。保育所等訪問支援を活用することで，保育所等でのインクルーシブ保育の質の向上が期待できる。

（2）小学校への接続と就学相談

　保育所は保育所児童保育要録，幼稚園は幼稚園幼児指導要録，認定こども園では幼保連携型認定こども園園児指導要録を，子どもの就学に際して子どもの育ちを支えるための資料として，小学校に送付することが定められている。これらの要録には，就学後の指導に必要と考えられる配慮事項についても記載する。気になる子どもや障害のある子どもへの支援として，各園で見つけてきた効果的な取り組みを，小学校に申し送ることができる。

　また，就学先を決定するために，多くの市町村では，年長児の夏頃から，就学相談を行っている。就学相談では，普通の小学校，特別支援学級，特別支援学校，通級指導教室といった就学先の種別の説明を受け，その子に合った就学先を選んでいくことになる。なお，保育所等が就学相談にどの程度関与するかは，市町村教育委員会によって大きく異なっている。

■参 考 文 献

・井村圭壯・今井慶宗編著：障がい児保育の基本と課題，学文社，2016
・大方美香・齊藤崇編著：子育て支援，光生館，2019
・尾野明美・小湊真衣ほか編著：特別支援教育・保育概論，萌文書林，2016
・全国児童発達支援協議会：保育所等訪問支援の効果的な実施を図るための手引書，2017
・土居裕和・金井智恵子編著：他職種連携を支える「発達障害」理解，北大路書房，2021
・Drotar, D., Baskiewicz, A., Irvin, N., Kennell, J., Klaus, M.：The adaptation of parents to the birth of an infant with a congenital malformation：A hypothetical model, Pediatrics, 56(5), 1975, pp.710-717

事例検討⑦

保護者支援の前提—気になる子どもが園で生き生き過ごせる工夫

　N君は年長クラスの男の子である。入園してから1年数か月が経つが，特に親しくなった友だちはおらず，一人で過ごしていることが多い。電車のパズルが大好きで，登園すると母親に一瞥もせずパズルコーナーに行き，毎日お気に入りのパズルを完成させてから園での1日が始まる。

　年中のときに担任だったO先生は，N君を何度も活動に誘ったそうだが，無理に座らせたり園庭に連れ出したりして活動をさせようとすると，「いやだ，いやだ！」と大声を出して飛び出していくため，無理に活動に誘わず，N君の好きにさせるようになっていった。年長になり，新しく担任になったP先生は，小学校への接続も考え，N君にみんなと同じ活動に入ってもらいたいと考えた。クラスのみんなで活動するときは，毎回何度も誘いかけるようにした。園庭での活動のときに勝手に保育室に戻ってパズルをしていたので，こだわり行動ができないよう，電車のパズルを禁止して隠したりもした。パズルがなくなったN君は，保育室の中を動き回るようになり，製作活動に誘ったときにみんなと一緒に席に座ることも増えた。しかし，活動の最後まで座っていることは稀で，製作がまだ終わっていないのに途中で席を離れ，「まだ終わってないよ」と席に戻そうとするP先生の手を「やー！」と叫んで叩いたり引っ掻いたりするようになった。一度叫び始めると，P先生が手を離してもなかなか収まらず，周りの子どもも，「N君，静かにして！」と口々に注意し始め，収拾がつかなくなってしまう。P先生はどうしたらよいのかわからなくなり，困っている。

考　察

　気になる子どもの保護者支援の第一歩は，その子自身が，園で生き生きと過ごせていることである。この事例のような状況で保護者を呼び出し，「N君が園でパニックになって困っています。小学校入学も近いので，園の先生の言うことを聞くよう，ご家庭でもしっかり注意してください」と伝えるのは，決して保護者支援とはいえないだろう。まずは，N君が園で安心して過ごせるところから支援を始めたい。

　小学生になると，子どもたちは時間割に合わせて行動しなければならなくなる。そのときにみんなと同じことができるようになっていてほしいと願ったのは，P先生なりに「子どもの最善の利益」を考えてのことだと言えるのかもしれない。しかしそこには，N君の気持ちを想像するという視点が欠落していた。「児童の権利に関する条約」は，子どもは守られる対象であると同時に，意志を尊重される存在でもあると考え，参加する権利を保障している。つまり，N君が保育所でどう過ごすかは，保育者だけで決めてよいことではない。N君自身も参加して決めるべきことなのである。

　もちろん，N君の特性を考えると，N君が保育者に対して明示的に「僕は電車のパズルをして過ごしたい」と伝えることは難しいだろう。しかし，頻繁にパニックを起こしている様子から，N君が現在のP先生の保育を苦痛に感じていることは容易に想像できる。保育者は，たとえ子どもが明示的に言葉で伝えることができなくても，気持ちを汲みとり，安心して保育所で過ごせるよう配慮する必要がある。その上で，本人の気持ちと，保育者が子どもに期待すること（成長への願い）との折り合いをつける方法を模索することになる。

演　習

① 自分の意見の整理

　次の点について考え，自分の意見を整理する。

　A）N君が安心して保育所での時間を過ごせるためにどのような人的・物的環境を整える必要があるか。

　B）安心を取り戻した後，発達を促すためにどのようなかかわりを行いたいか。

② グループでの意見交換

　4名程度のグループをつくり，上記A）とB）について，意見交換を行う。

③ 意見の共有

　グループでどのような意見が出たのか，全体に発表し，共有する。

事例検討⑧

否認の気持ちが強い保護者とつながる工夫

　Ｑちゃんは年少クラスの女の子である。３学年上の姉と一緒にＱちゃんが２歳で入園したときは，「ママ」と「わんわん」の２語しか話すことができなかった。現在は単語の数は増えているが，発音が未熟なため，担任であっても何を言っているか聴き取るのは難しい。生活面については，食事は食べこぼしが多いものの，グーで握ってスプーンが使えている。排泄は，保育者に「しーしー」と伝えにくるが，すでに出した後のことも多い。着替えは支援が必要で，足や腕を触って「こっちね」と伝えてから着やすい位置に服をもってくると，自分で足や腕を通すことができる。社会性では，友だちの遊びを見ていることが増えたが，自らかかわっていこうとする様子はみられない。運動面は活発で，保育者が追いかけるとうれしそうに園庭を走り回っている。

　担任は，Ｑちゃんの発達が気になり，お迎えに来た母親に「おうちで会話は成り立ちますか？」と質問をした。すると，母親の顔色が一変し，かたい表情で「何が言いたいのかだいたいわかるので，特に困っていません。個性だと思ってます。急いでいるので」と返され，それ以上話すことができなかった。翌日以降も，担任が「先日のお話なのですが，」と話しかけると，「今日は忙しいので」と，急いで帰っていくため，話ができないままでいる。

考　　察

　この事例は，発達の遅れが心配される事例である。Ｑちゃんの園生活の様子からは，発語の発達を中心に，1，2年程度の発達の遅れがあるのではないかと思われる。そのことが気になった担任は，Ｑちゃんの家庭での状況を聴き取ろうとして，Ｑちゃんの母親に質問したが，母親から避けられるようになってしまった。

　一般に，自分の子どもに障害があるかもしれないという懸念は，多くの保護者にとって非常にショックな出来事である。そのため，できることなら考えたくないという否認の心理が働く。担任が「おうちで会話は成り立ちますか？」

と尋ねたときの母親の反応や，それ以降の行動から推察すると，母親もQちゃんの発達の遅れに気づいており，かつ，その事実から目をそらそうとして，担任との話し合いを避けているのだと思われる。

　この事例のように，子どもの発達が気になりつつも，そこから目を背け，否認でやり過ごそうとしている保護者に対して，保育者はどのように接すればよいのだろうか。保育者が保護者に信頼され，ともに子どもの発達について考えていくパートナーのような関係になるために何が必要か，考えてほしい。

演　習

① 自分の意見の整理

　次の点について考え，自分の意見を整理する。

　A）母親の気持ちや，母親が抱えている事情にはどのようなものがあるか。

　B）この先，担任が母親との信頼関係をつくっていくために何ができるか。

② グループでの意見交換

　4名程度のグループをつくり，上記A）とB）について，意見交換を行う。

③ 意見の共有

　グループでどのような意見が出たのか，全体に発表し，共有する。

第9章
特別な配慮を要する子どもと
その家族に対する支援

1. 外国にルーツをもつ家庭に対する支援

（1）外国にルーツをもつ家庭の現状と保育

　外国にルーツをもつ子どもとは，父・母の両方またはどちらかが外国出身者である子どものことである。外国籍の子どもは近年急速に増え，日本で生まれた子どものおおよそ25人に1人の割合を占めている。また，日本国籍の保護者が海外赴任先から子どもと帰国するというように，さまざまな形で外国につながる家庭が存在し，今後も多様化と増加が進むと予想されている。

　外国につながる各家庭の実態は，母国の言語的・文化的・宗教的背景や，滞在期間，家庭の教育方針，就園経験の有無等によって異なり，子どもの背景も来日年齢・家庭の主な言語・生育歴・発達の状況・個性により多様である。保育者がさまざまな国の生活・文化などに関心をもち，子どもや保護者とともに多様な文化に触れる機会をつくるなど，協同しながら多文化共生の保育に取り組んでいく。また，それぞれのニーズをとらえ，各家庭に応じた支援を行う。

（2）コミュニケーションに関する支援

　人が生まれて初めて身につけ，最も使用する言葉を母語という。保護者から愛情をもって話しかけられる言葉は，子どもの心をつくる重要なものである。また，母語によるコミュニケーションはその人自身のアイデンティティにかかわるということを尊重して接することが大切である。

　保護者と保育者との意思疎通の状態は，子どもの育ちや保護者との関係性に影響し，保育者から聞いた情報の家族内での共有状況も左右する。母語が日本語でない保護者であっても，日常生活のなかで多かれ少なかれ日本語に触れていることから，保育者は笑顔で日本語の挨拶からはじめ，非言語的コミュニケーションを意識しながら，易しい言葉を用いるとよい。近年では多言語に対応した翻訳機などもあるので，必要に応じて活用したい。また，大切な手続きや説明を行う際には多言語版の資料を用意し，通訳等の支援を活用する。保護者と円滑なコミュニケーションを行うための工夫例を以下に示す。

- ・大切な情報を口頭で伝える場合，紙にも書いて渡したり，重要な日時を復唱してもらったりする。
- ・大切な情報を紙に書いて渡す場合，口頭でもポイントを伝える。
- ・ゆっくり，はっきりと話す（大声である必要はない）。
- ・わかりやすい言葉，具体的な言葉を使う（例：「17時」→「夕方の5時」）。
- ・伝えたい情報を吟味し，最低限伝えるべき事柄を伝える。
- ・一文で伝える内容はシンプルにする。
- ・よく使われる言葉や，覚えてもらいたい語句は，説明を添えながら使う。
- ・会話や文章が伝わりにくい場合，絵を描くなど意思疎通しやすい工夫を考える。
- ・熟語や省略語を避ける（例：「欠食」→「朝ご飯を食べない」，「育休」→「育児休暇」）。
- ・話すときに同音異義語をなるべく避ける（例：「紙」「髪」→「白い紙」「髪の毛」）。
- ・擬音語・擬態語・幼児語はわかりにくいので避ける。
- ・曖昧な表現や省略を避けて，具体的にはっきり伝える。
- ・5W1Hの情報を入れて伝える。
- ・最初に内容のキーワードを伝えた後，時系列や手順に沿って説明する。
- ・なるべく肯定形で伝える（例：「～しましょう」「～できる」）。
- ・依頼内容を明確に伝える（例：「～の用意をお願いします」→「～を用意してください」）。
- ・尊敬語や謙譲語（日本語特有の表現）はわかりにくいので使わない。
- ・記号等の書き方は世界共通とは限らないので気を付ける（日付，住所の書き方等）。
- ・文章にルビを振る際，ひらがな・カタカナ・ローマ字表記・英単語等，どれがわかりやすいか確認する。
- ・「日本の常識」を前提とした伝え方をしない（例：「～にふさわしい服装」等）。
- ・目的や理由，事情を添えて説明する。

(3) 外国にルーツをもつ家庭における子育てのニーズと支援

　日本語の理解が難しい保護者の場合，日本の保育制度や利用できる子育て支援サービスの情報を入手しにくい。保育者とのコミュニケーションにも困難感を伴いやすく，こうした蓄積は子育てへの不安や負担につながる可能性がある。保護者が育ってきた文化との生活習慣・育児方法の違いや，ミルク・離乳食をはじめとする食文化の違い，宗教による食の戒律等があるため，園の生活・行事等にも戸惑いが生じやすい。保護者の自国の文化に理解を示しながらも，自園の方針について理由を添えながら説明し，協力が得られるようにする。宗教にかかわる食への配慮は，個別に対応できるものとそうではない場合とがあることをあらかじめ説明し，園で対応できない場合には家庭からの持参を依頼する。園で生じやすい子育て支援上の課題と支援例を表9-1に示す。

　外国にルーツをもつ家庭は，保護者の身内がそばにいない，配偶者との意思疎通が難しい等の理由から，家庭生活や子育てのインフォーマルな資源も不足しがちで，貧困やDVを併せもつ場合もある。各家庭の事情やニーズを理解し，保育者が行える配慮や支援を行うとともに，他の専門機関・専門家による支援が必要なケースは，適した専門機関との連携や紹介などによりつなげていく。

2. 貧困家庭に対する支援

(1) 貧 困 と は

　貧困とは，人間が生きていくために必要なもの（飲食や生活物資等）や必要なこと（子育てや教育等）を充足するための資源が不足したり欠如したりしている状況のことをいう。

　貧困の指標として，所得を用いた貧困率がある。最低限度の生活を送ることができない水準を「絶対的貧困」という。自分が所属する国・地域の大多数と比べて貧しい状態を表す水準（国民の所得の中央値の半分を「貧困線」といい，それを下回る状態）を「相対的貧困」という。そして，相対的貧困の状態にある18歳未満の割合を表わすのが「子どもの貧困率」であり，厚生労働省によ

表9-1　外国にルーツをもつ家庭の子育て支援上の課題と工夫例

	子育て支援上の課題	工夫例
入園申込	・入園手続きの方法の説明・理解が難しい ・入園に必要な書類の作成の説明・理解が難しい ・保育に関する制度やサービスの説明・理解が難しい ・文化的背景への配慮がどのくらい必要か	・自治体に対する問い合わせへの多言語対応 ・重要書類の多言語対応 ・子育て支援サービスの制度・手続きの多言語周知 ・通訳者や通訳機器の準備
入園時	・園のルールの説明・理解が難しい ・入園の準備品など必要な情報の説明・理解が難しい ・園での過ごし方や決まり，依頼事項の説明・理解が難しい ・文化的背景に配慮したサポートを整えること ・入園してはじめて文化的背景への配慮が必要なことが判明する	・自治体による，入園のしおりの多言語化支援 ・外国籍の保護者を対象とした入園説明会の実施 ・入園説明会や面接での多言語対応 ・実物や写真・絵を示しながら伝える ・英単語や漢字で伝わりやすい方法があれば筆記で伝える
在園時	・アレルギーや宗教面での対応のニーズを正確に把握すること ・通訳を介しても，伝えづらい単語がある（予防接種，病名等） ・保護者や子どもと十分にコミュニケーションがとれない ・理解が不十分そうでも「わかった」と返事が返ってくる ・困り事や心配事を，言葉にしづらいままとなる ・子どもが体調を崩した場合の説明が難しい ・気になる行動が，言語的障壁と発達的課題のどちらによるものか判断が難しい ・文化的背景による配慮についての保育者側の知識が不十分 ・宗教的理由による除去食で，調理法・摂食できるものの詳細がわからない	・給食への配慮（ハラル食対応等） ・通訳者や通訳機器の準備 ・実物や写真・絵を示しながら伝える ・英単語や漢字で伝わりやすい方法があれば筆記で伝える ・頭をなでたり触ることがタブーである場合等を職員で共有する ・各国の食文化や教育習慣，育児の文化等を確認する
卒園時	・小学校の入学手続きの説明・理解が難しい ・小学校の制度や生活の説明・理解が難しい ・放課後児童クラブの制度の説明・理解が難しい ・小学校生活を見据えた言語やコミュニケーションにかかわる支援が不十分 ・特別な配慮が必要な場合に行う就学相談の主旨や手続きの説明・理解が難しい ・入学前に行う健康診断の説明・理解が難しい	・保護者への小学校の制度や手続きの周知 ・小学校との連携 ・就学に向けた個別的な指導や支援 ・親子で通える日本語教室の紹介

れば，2018（平成30）年の子どもの貧困率は13.5%（7人に1人）で，特にひとり親家庭の48.1%がこの状態にある。日本のひとり親家庭の就労率は世界の中でも高水準だが給与所得は一般世帯の約70%で，特に20歳代前半の世帯の貧困率が高い。就労しているのに困窮し，生活に余裕がない問題は「時間の貧困」として指摘されている（ひとり親家庭への支援は第10章を参照）。

(2) 子どもの貧困対策と家庭への支援

　わが国では，貧困の状況にある子どもが健やかに育成される環境を整備し，教育の機会均等を図るために「子どもの貧困対策の推進に関する法律」が2013（平成25）年に成立，翌年施行された。そして，子どもの貧困対策の指針や方向性を示す「子供の貧困対策に関する大綱」が2014（平成26）年に閣議決定され，2019（令和元）年には新たな大綱へと見直された。都道府県や市町村などは，大綱に基づいて子どもの貧困対策の計画を策定している（努力義務）。

　生活に困窮する保護者は，生育歴（貧困や虐待）に伴う育児・生活のスキル不足，生活リズムの乱れ，体力・精神面に余裕がなく子どもとうまくかかわれないこと，生活や時間の余裕のなさから子どもとかかわる機会が乏しいこと，子どもに体験させたいことをしてあげられないことなどの悩みを抱えやすい。自己肯定感の低さから「自分には支援を受ける資格がない」と感じやすく，経済的問題を含めて助けを求めづらい点も注意が必要である。また，貧困以外にもひとり親・外国人・虐待・家庭内暴力・慢性疾患・精神疾患・依存症・発達障害・不安定雇用・若年出産などの困難を複合的に抱えていることが多い。

　子どもは，衣食住（栄養不足，欠食，孤食）や保護者とのかかわり（絵本の読み聞かせやさまざまな体験などの不足），健康（医療を受けられず病気がち，ワクチンの未接種）などあらゆる面で格差が生じ，自己肯定感が低くなりやすい。

　生活困窮家庭は社会から孤立しやすく，世代間連鎖のサイクルに陥りやすい傾向がある。早い段階で世代間連鎖に歯止めをかけるためにも，妊娠・出産期から保育者や地域の保健師等が切れ目なく支えることが大切である。保護者へ日常的に声をかけ，対話にあたって細心の注意を払い，保護者の思いを受けと

め，話しやすく相談しやすい雰囲気をつくりたい。また，状態が悪化していないか，子どもの健康観察と保護者とのやりとりを通して気を配る。保育の場で可能な個別の配慮として，給食の量の調整や衣服の貸与などは職員間で検討したうえで対応し，他の保護者が「不公平な扱いを受けている」と感じないよう配慮することも大切である。保育の場で気づきやすいサインを表9-2に示す。

　金銭と直接かかわるもの以外に，保護者の余裕のなさなどとかかわる行動もみられる。一見すると「だらしがない保護者」として見過ごされやすく，保護者側からは「困っている」と伝えにくい点に気をつけたい。また，欠食や同じ服を着ているといった状況は，家庭の生活習慣や子どもの好みによる場合もあるし，ネグレクト等の可能性を視野に入れる必要もあるので，状況の見極めも

表9-2　貧困にかかわるチェックリスト

衣服	・サイズの合わない服や靴を身につけている。 ・衣服が選択されていないようで清潔でない。 ・季節外れの服や，いつも同じ服を着ている。
食事・健康	・朝食を食べていないと話す。 ・家に帰ってから何も食べていないと話す。 ・給食を適量を超えて何杯もおかわりする。 ・家から弁当を持参する日は欠席をする。 ・入浴をしていない様子がみられる。 ・オムツが汚れているにもかかわらず長時間替えられていない。 ・必要な医療的ケアを受けておらず病気がちな傾向がある。
子どもの様子	・表情が暗くて表情が乏しい傾向がみられる。 ・低身長・低体重の傾向がみられる。 ・落ち着きがなく，乱暴な態度がみられる。 ・大人の誰に対しても人懐こく甘え，警戒心が薄い。 ・保護者や大人の顔色をうかがったり，保護者を避けようとする。 ・家の話をしたがらない。
保護者	・オムツの使用枚数を少なくしてほしい等の要望がある。 ・必要な負担金を滞納しがちである。 ・忘れ物が目立つ。 ・連絡帳をあまり見ていない様子がある。 ・遠足などの園行事に参加しない。 ・子どもを園の行事や地域の行事に参加させない。 ・親族や学校，地域との交流がなく孤立している。 ・家庭の暮らしや子どもの話題などをあまり話そうとしない。 ・登園時間が不規則であったり，欠席がちである。 ・長時間労働をしており，子どもの生活リズムが崩れている。 ・小さな子どもを置いたまま外出をする。 ・育児や家事がつらそうにみえる。

大切である。貧困の問題はネグレクトや虐待の直接的・間接的な要因にもなり得る。市町村や関係機関と連携しながら支援に取り組み，虐待・DV・依存症等が疑われる場合は通報も検討する。

3. 親子への支援を行う社会資源，福祉政策等との連携

（1）外国にルーツをもつ家庭にかかわる社会資源

　日本国内で妊娠しているすべての女性には，国籍や在留資格に関係なく母子保健法が適用され，母子健康手帳の取得や入院助産など通常の手続き・対応を受けることができる。近年では国や自治体が保育・子育て支援の資料（母子健康手帳・保育所の各種申請書・子育てガイドブック・就学ガイドブック等）の多言語版をインターネットに掲載するなど，環境が整備されてきている。子育て支援のシステムは国によって異なり，保護者が日本の制度を知らずに利用に結びつかない場合もある。情報提供の際の説明資料として効果的に活用したい。

　地域ごとの子育て支援にかかわる体制は，外国人の居住割合等によって異なる（多言語支援に対応する市町村窓口，通訳を目的とした保育者を配置する園，就学前プレスクール，通訳派遣，NPOと連携した通訳支援，対話支援カード等）。また，外国人を対象とした多言語相談窓口や電話相談を開設している都道府県・自治体もある。保育者は地域の社会資源等を把握し，市町村や支援機関と連携したり，保護者のニーズに適した支援やサービスを紹介したりするとよい。

　なお，保護者が不安定な就労環境で生活への困窮を抱えている場合や，DVなどの問題を抱えている場合もある。このような家庭に対しては，それぞれに応じた社会資源との連携等も併用する。

（2）貧困家庭にかかわる社会資源

　貧困にかかわる支援は，生活保護法，生活困窮者自立支援法，子ども・子育て支援法，子どもの貧困対策の推進に関する法律等にもとづいて国や自治体が実施するものから，民間団体による支援まで多面的・重層的に行われている。

表9-3　貧困家庭への支援にかかわる制度や社会資源の例

貧困対策	教育	幼児教育の無償化，就学援助制度（学校給食費の補助），生活保護制度による教育扶助，生活困窮世帯等の子どもに対する学習支援，児童養護施設等で暮らす子どもへの学習支援，ひとり親家庭の子どもへの学習支援　など
	経済	児童扶養手当，母子父子寡婦福祉資金貸付金，養育費相談支援　など
	生活	生活困窮者自立相談支援事業，生活困窮者家計相談支援事業，ひとり親家庭等日常生活支援事業，養育支援訪問事業，養育費等支援事業や子ども食堂　など
	就労	ひとり親家庭に対する就業支援やひとり親家庭の在宅就業の推進　など
社会資源	公的機関	市町村，市町村保健センター，児童相談所，福祉事務所，小学校，スクールソーシャルワーカー，要保護児童対策地域協議会　など
	医療機関	病院・診療所（産婦人科，小児科，かかりつけ医）　など
	各種施設	児童養護施設，乳児院，母子生活支援施設，地域子育て支援センター，児童発達支援センター，社会福祉協議会，児童館，放課後児童クラブ，自立相談支援機関　など
	支援団体地域住民	子ども食堂，フードバンク，子ども宅食，プレーパーク活動（居場所づくり支援），ボランティア，市民活動グループ，町内会，民生委員　など

しかし，貧困家庭では受けられる支援の情報を把握していないケースも多い。保育者は地域の子どもや保護者に接する専門家として，貧困に気づき，貧困を抱える親子を支援し，貧困そのものの解消を支援していく役割の一部を担っている。個々の家庭や子育て上のニーズを教育・経済・生活・就労などの観点から検討するとともに，子どもの健康・福祉・教育面のケアのために，かかりつけ医やソーシャルワーカーをはじめとする専門家などとの連携を心がけたい。

■参考文献

・咲間まり子監修：保育者のための外国人保護者支援の本，かもがわ出版，2020
・松本伊智朗・湯澤直美・平湯真人・山野良一・中嶋哲彦編著：子どもの貧困ハンドブック，かもがわ出版，2016
・阿部彩：子ども貧困，岩波書店，2008
・山野則子編著：子どもの貧困調査，明石書店，2019

事例検討⑨

日本語がわからない保護者や子どもとのコミュニケーション

　4月に入園したＲちゃん（3歳・女児）は，1年前に南米から日本へ来日した両親と3人暮らしである。入園手続きには通訳が同伴し，問題はなかった。ただ，母国では生まれてすぐの女の子にピアスを開ける習慣があって，Ｒちゃんにもピアスやアクセサリーがついており，保育者から「ダメ」と伝えられて母親が戸惑う場面があった。共働きのため，延長保育を利用して朝早くから夜遅くまで子どもを預けている。子どもの送り迎えは主に母親が行うが，日本語をほとんど理解できない。Ｒちゃんも日本語がわからず，入園当初は緘黙（かんもく）に近い状態で不安そうにしていた。担任保育者Ｓは，Ｒちゃんの母国の生活習慣や文化・言葉などを調べるとともに，Ｒちゃんが保育所で安心して過ごせるようにすることを優先し，Ｒちゃんの母語であいさつや簡単な言葉がけをすることから始めたところ，しだいに保育所生活に慣れていった。

　ある日，親子遠足があった。Ｒちゃんのお弁当には，豆を主としたご飯やおかずが入っていた。担任保育者Ｓが子どもたちに「Ｒちゃんの国にはおいしい豆がたくさんあって，料理によく使うのよ」と伝えると母親はうれしそうにし，その後母親と豆料理の話題をするなど，やりとりがよりスムーズになった。

考　　察

　このケースの場合，子ども・保護者ともに日本語による会話が難しい。保育者も意思疎通に不安を覚えると思うが，保護者は慣れない異国で家庭生活・子育て・仕事を両立する大変さを抱えている。この状況に思いをはせて温かく労（ねぎら）い，できるだけ直接コミュニケーションをとるよう心がけるとよいだろう。

　言葉でうまく伝えられない保護者は，不安や疑問点があっても我慢してしまう可能性がある。より円滑なコミュニケーションを行い，ニーズを把握するためにも，自治体の制度にそって通訳を依頼するなど支援体制を整えるとよい。また，生活習慣や子育ての考え方などは国によってさまざまである。日本の保育のあり方への理解を求めることも大切だが，母国の文化に理解を示しながら

説明することが肝要である。

　Rちゃんは，家庭と保育所の言葉や生活の違いに戸惑っている。保育の中で
より時間をかけてていねいにかかわり，少しでも早く園生活になじめるように
したい。身近な物について「これは何？」と尋ねて，子どもとやりとりできる
言葉を増やすといった工夫もできる。また，Rちゃんの国で行われている遊び
を子どもたちと楽しむ時間をつくるのもよいだろう。

演　習

① グループの設定

　4〜6人のグループをつくる。

② 対応の考察

　事例の概要を読んで，まず個人で次の点を考えてみる。

　・あなたが担任保育者Sだったら，Rちゃんにどのようにかかわるか。

　・保護者との連携や子育て支援のために，どのような対応が考えられるか。

③ 発表と意見交換

　・個人ごとに考えをグループ内で発表し，意見交換する。

　・グループの意見をまとめて，全体で発表し，さらに全体で意見交換する。

④ 発　展

　・自治体や各省庁が発行している，多言語版の保育・子育て関連の資料を調
　　べてみよう。

　・グループごとに調べる国を1つずつ選んで，使用言語・子どもの遊び・子
　　育て文化・食習慣などの特徴を調べて，全体で発表し合おう。

事例検討⑩

生活に困窮し，子育てに向き合えない家庭への支援

T君（2歳・男児）は母親U，兄（5歳）との3人暮らしである。Uさんは数か月前に夫と離婚・転居し，きょうだいで同じ保育所に通い始めた。Uさんはパートの仕事をかけもちし，いつも忙しそうである。登園時間はいつも遅めかつ不規則で，送迎時や連絡帳のやりとりは少ない。担任保育者Vは，T君が午前中にあまり活動せず，不機嫌であることや，年齢相応以上の給食を食べること，UさんがT君の世話を兄に任せる傾向が気になり，園長や主任保育士などと連携をとりながら様子を見ていた。

ある日，Uさんの表情の暗さと疲弊が気になり，担任保育者VはUさんに状況を尋ねることにした。すると，Uさんの父親（母親は他界）が最近病気がちとなり，仕事・育児に加えて，一人娘のUさんが父親の通院の付き添いや看病もしていることがわかった。また，最近T君が何かにつけて「いや」と言うので，子育てにこれまで以上に時間がかかり困っていることも語られた。

考　察

家庭環境が変化し，長時間労働をしながら子育てをしているにもかかわらず，保育者が尋ねるまで悩みが語られなかった。「何とか自分で」と抱え込んでいた可能性がある。生活に余裕がない場合，子どもに寄り添う心のゆとりがなく，生活や子育ての一部を子どもに頼ることもある。情報を調べる時間や相談の機会をつくりにくく，各種手続きへの負担も感じやすい。一方で，一人で子育てをする保護者が過労や病気で倒れた場合，家族は危機的状況に陥ってしまう。

この事例の場合，母親が最初に語った困り事のほかにもさまざまなニーズや課題が想定される。しかし，まずは困り事を扱う機会をもてたことを大切にし，保護者が打ち明けた大変さを労い，信頼関係をつくることから始めたい。保育所で行える支援の提案や，子どもとのかかわり方への助言を通して，保護者が現状で抱えている負担を少しでも軽減する。保護者が「打ち明けてよかっ

た」と感じ，保育者を子育ての味方として認識すると，支援を継続して行いやすくなる。家庭状況を確認して，利用可能な子育て支援や社会資源の情報提供を行い，保護者の希望を尋ねながら支援へつなげる。このような取り組みを通して，保護者が子育てに前向きになり，子どもと向き合えるように図っていく。

演　習

① 役割分担（登場人物）

　Uさん（T君の母親），担任保育者Vの2名を選ぶ。

② 場面設定

　・相談室（子どもたちは別室で他の保育者が対応）。

③ ロールプレイ

　次の点を考慮しながらロールプレイを行う。

　・事例の家庭の状況やニーズとして，どのような可能性が考えられるか。

　・あなたが担任保育者Vならば，T君にどのようにかかわり対応するか。

　・Uさんに対して行えそうな助言や提案として，どのようなものがあるか。

④ 発　展

　・T君の家庭（月々の家計費：約17万円）の生活状態を考えてみよう。家計費には，食費・光熱費・住居費・被服費・日用品費・交通費・通信費・教育費・娯楽費・医療費が含まれる。

第10章
多様な支援ニーズを抱える
家庭の理解と支援

家族関係や家庭環境を理解し，子どもや家族一人ひとりに個別的に対応する力は，保育者の専門性の一つといえる。本章では，ひとり親，ステップファミリー，母親の病気などの家族に関連する問題と，アレルギー疾患，多胎児，低出生体重児など子どもへの保健的対応が必要となる問題について，支援ニーズの理解と個別的な支援の考え方について見ていこう。

1．ひとり親家庭，ステップファミリー，母親の病気等の理解と支援

近年，ひとり親家庭，ステップファミリー，母親の病気など，家族の問題を背景とした子育て支援のケースが増加している。

（1）ひとり親家庭

ひとり親家庭（single-parent family）とは，母子家庭および父子家庭の総称である。厚生労働省が5年ごとに行っている「全国ひとり親世帯等調査」によると，ひとり親家庭の状況は表10-1の通りである。なお，30年前の調査と比べると，母子世帯は約1.5倍，父子世帯は約1.1倍となっており，特に母子世帯が約一世代前と比べて大きく増加している。

ひとり親家庭の問題として，母子家庭の場合はパート・アルバイトなどの非正規雇用率が高い（43.8％）ことがある（表10-1）。国民生活基礎調査によれば，母子世帯の平均所得金額は年間306万円であり，児童のいる世帯の総所

表10-1　ひとり親世帯の状況

		母子世帯	父子世帯
1	世帯数	123.2 万世帯	18.7 万世帯
2	ひとり親世帯になった理由	離婚　79.5%	離婚　75.6%
		死別　8.0%	死別　19.0%
3	就業状況	81.8%	85.4%
	就業者のうち正規の職員・従業員	44.2%	68.2%
	うち自営業	3.4%	18.2%
	うちパート・アルバイト等	43.8%	6.4%
4	平均年間収入	243 万円	420 万円
5	平均年間就労収入	200 万円	398 万円
6	平均年間収入	348 万円	573 万円

※「平均年間収入」および「平均年間就労収入」は平成 27 年の 1 年間の収入
（資料　厚生労働省：平成 28 年度全国ひとり親世帯等調査結果の概要より筆者作成）

得平均（745.9 万円）の 41%に過ぎない[1]。

　2020（令和 2）年 12 月，内閣府では，ひとり親家庭等に関係する省庁が連携して「すべての子どもの安心と希望の実現プロジェクト」（通称「すくすくサポート・プロジェクト」）を立ち上げ，ひとり親家庭に対する経済的支援だけではなく，子どもの教育や親の就労などに関する包括的支援が行われている。

　ひとり親家庭に対しては，親子双方に身近な存在である保育者が，その状況や気持ちを理解し，家族関係などに十分配慮して支援することが必要である。

(2) ステップファミリー

　ステップファミリー(step family) とは，「親の再婚あるいは新たなパートナーとの生活を経験した子どものいる家族」[2] を指す。例えば，子どものいる父親と初婚の母親の家族，子どものいる母親と初婚の父親が結婚して子どもが生まれた家族，双方に子どものいる父親と母親が再婚した家族などステップファミリーにはさまざまなケースがある。さらに，再婚した父親が別居してい

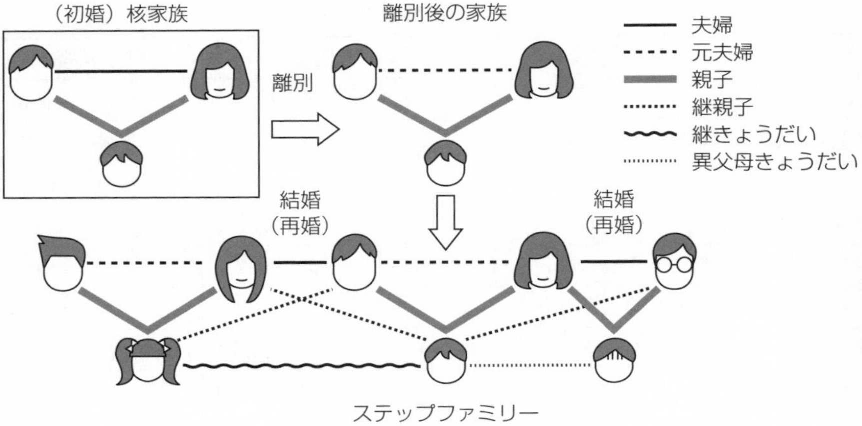

─────	夫婦
-----	元夫婦
━━━━━	親子
·········	継親子
〜〜〜〜	継きょうだい
··········	異父母きょうだい

図10-1　連鎖・拡張するネットワーク型ステップファミリー

る子どもの養育費を負担している家族など，子どもの視点から見れば親の事情
で別居していても両親との経済的・精神的関係は継続していることがある。

　近年，子どもをもつ夫婦の離婚件数の増加と再婚の比率が高くなり，さらに
平均寿命が延びたことで離婚再婚後の親子関係が長期化している。つまり，ス
テップファミリーが珍しくない社会になりつつある。親の離婚や再婚を経て
も，子どもが両親との関係を保ち続けることを前提につくられるステップファ
ミリーを連鎖・拡張するネットワーク型ステップファミリーと呼んでいる[3]。

　ステップファミリーの抱える課題は複雑である。「ふつうの家族」をめざす
ことで，親子関係の難しさに直面することがあるともいわれている。ステップ
ファミリーの支援においては，継親子関係だけでなく同居の親子関係やその親
族を含めた家族関係の理解が不可欠である。

（3）母親の病気等（母親のメンタルヘルス）

　女性にとって妊娠，出産，育児は心理的負荷の高いライフイベントである。
また身体的には，妊娠期はホルモンバランスや体重の増加などによる内臓器官
への負担が増大するとともに出産への不安が生じる。産後はマタニティーブ

ルーズと呼ばれる一時的な気分の不安定さが生じ，涙もろくなったり，不眠や食欲減退などの症状が出現することがある。さらに1日中続く抑うつ気分や興味や喜びの喪失などの症状が2週間以上続くような産後うつ病がある。産後うつ病の発症率はその疑いを含めると10％前後との報告もある。

　周産期の母親を支援するために各自治体が行う乳児家庭全戸訪問事業（こんにちは赤ちゃん事業）では，保健師などが生後4か月までの乳児のいる全家庭を訪問し，親子の心身の状況や養育環境等の把握や助言を行っている。

　妊娠中の高血圧，妊娠高血圧症候群，糖尿病などは，出産後にも悪化をきたすことがある。育児期初期の母親の支援においては，母子保健の基本的知識をもち，妊娠期からの心身の体調の変化をふまえた支援が必要である。

2. アレルギー疾患，多胎児，低出生体重児，慢性疾患のある子ども等の理解と支援

　医療職との連携が必要な子どもの一例として，アレルギー疾患や慢性疾患のある子ども，多胎児，低出生体重児やその家庭への支援について取り上げる。

（1）アレルギー疾患

　アレルギーとは，免疫反応が人体に不利に働いた場合をいう[4]。乳幼児期には，食物アレルギー，気管支喘息，アトピー性皮膚炎，アレルギー性鼻炎，アレルギー性結膜炎などにり患する子どもが多い。乳幼児期のアトピー性皮膚炎を始まりとして食物アレルギー，気管支喘息，アレルギー性鼻炎が次々と異なる時期に出現してくるケースを「アレルギー・マーチ」と呼ぶが，このアレルギー・マーチの発症を予防するためには早期診断，早期介入が必要である。

　食物アレルギーの発症要因としては，特定の食品が体内に入るとそれを体が異物とみなして排除しようとするため，皮膚・粘膜症状（かゆみ，じんましん等），消化器症状（腹痛，嘔吐，下痢等），呼吸器症状（くしゃみ，鼻汁，喘鳴，息苦しさ等）などさまざまなアレルギー症状が出ると考えられてきた[5]。

　食物アレルギーに敏感になるあまり，離乳の開始を遅らせることが問題となる。厚生労働省の作成した「授乳・離乳のガイドライン」（2019年改定）では，「離乳の開始や特定の食物の摂取開始を遅らせても，食物アレルギーの予防効果があるという科学的根拠はないことから，生後5〜6か月頃から離乳を始めるように情報提供を行う」と明記されている。食物アレルギーと診断されたときは医師の指示に従うことが重要であり，保護者が自己判断で離乳食を遅らせることは望ましくない。

　子育て支援においては，家族に対してアレルギー疾患に関する正確な情報をていねいにわかりやすい言葉で説明することが期待される。

（2）多 胎 児

　「令和元年（2019）人口動態統計」（厚生労働省）によると，多胎の分娩件数は9,083件であり，全分娩件数に占める割合は1.0％であった。出生数に占める多胎児の割合は2.0％であるが，母親の年齢が30歳以上では2.0％を超え，40歳前半では2.5％，45歳以上では6.5％となっており，多胎児の母親の年齢は高い傾向にある。

　また，多胎妊娠は母体への負担が大きく，悪阻（つわり），早産，妊娠糖尿病，妊娠高血圧症候群などが単胎妊娠より起こりやすい。早産が多いことも知られており，同年の統計では，単胎の場合37週未満の早産が4.7％であるのに対し，多胎の場合は50.3％と高い確率であった。早産が多いことから，多胎児は単胎児に比べて低出生体重児の割合が高い。

　多胎児とその家族の支援においては，まず母親の妊娠期からの心身の健康状態や家族環境等の理解が必要である。多胎児の母親は妊娠高血圧症候群などによって長期入院を強いられる場合が多く，妊娠・出産に関する困難感（戸惑い，不安，自責の念等）や身体的・精神的負担をもつことがある。

　多胎児育児の負担軽減のために，ホームヘルパーの派遣やファミリー・サポート・センターの利用補助，予防接種や乳幼児健診の受診サポート，タクシー券の補助などを実施している自治体もある。

　多胎児の子育ては，子どもの数の二乗，三乗するほど母親への負担が大きいといわれる。つまり双子育児は2倍ではなく，二乗つまり4倍の負担感や困難さを伴うということである。多胎児の母親ならではの不安や悩みに共感し，不安感や罪悪感を解消できるような支援が必要である。

（3）低出生体重児

　出生体重2,500g未満で生まれた新生児を低出生体重児，在胎37週未満で生まれた新生児を早産児と呼ぶ[4]。2019（令和元）年の人口動態統計によると，出生数全体の9.4％が低出生体重児であり，母親の年齢別に見ると，10歳代（10.6％）と30歳代後半（10.3％），40歳以上（11.9％）の割合が高い。

　低出生体重児が生まれる原因としては，妊娠中の母体に妊娠高血圧症候群や胎盤剥離（はくり）などにより緊急的に分娩を要する場合と，多胎妊娠や胎児発育不全，子どもの疾病などにより分娩時期を早める場合などがある。医療的には母体と胎児にとって最もよいタイミングでの分娩ではあるが，母親にとっては早産となることで自分への落ち度や喪失感，「小さく産んでごめんなさい」といった罪悪感などネガティブな感情をもつことも多い。

　また，低出生体重児はNICU（neonatal intensive care unit：新生児集中治療室）に入院し，保育器での体温管理等が行われる。NICUでは，担当の医師や看護師から子どもの状態を聞いたり，保育器に手を入れて子どもに触ることや，アタッチメントの形成を促すために呼吸器やモニターをつけたままで抱くことが推奨されている。小さく生まれた子どもの育児に慣れてから退院できることが望まれるが，遠方や家族の事情で面会ができない場合がある。また，低出生体重児は，心肺機能や体温調節，免疫などが未熟で感染症に罹りやすい。母乳をうまく飲めない，体重の増加が少ないなど育児に手がかかる場合があり，子どもの退院後，自宅での子育てに不安をもつ母親は多い。

　保育所等の入園前の面談等では，母子健康手帳等によって妊娠の経過や出産時の状況を確認することができる。まずは小さく早く生まれた赤ちゃんが元気に育っていることを共に喜び合うことが子育て支援の第一歩となる。

(4) 慢 性 疾 患

　慢性疾患とは，治療や経過が長期に及ぶ疾患の総称である。乳幼児期に発症した場合，入院や在宅での看護が長期化し，高額な治療費用が必要となることも多い。2017（平成 29）年東京都福祉保健局「慢性疾患を抱える児童等の実態調査」によると，認定疾病の確定診断は約 4 割が 0 歳で受けており，家庭での医療的ケアとして自己注射，吸引，経管栄養管理，血糖測定，在宅酸素療法などが行われている。また，2014（平成 26）年の児童福祉法改正により小児慢性特定疾病医療費助成制度が始まり，さらに 2021（令和 3）年 6 月，「医療的ケア児及びその家族に対する支援に関する法律」（医療的ケア児支援法）が成立した。この法律によって，国や地方公共団体が医療的ケア児の支援（例えば，保育所や学校に家族の付き添いなしで通えるようになる等）が拡充されることになる。

　生まれて間もない子どもが慢性疾患と診断されることは，親にとって予期せぬ事柄である。親や家族は子どもの命がどうなるのか，先の見えない不安に苛まれる。入院治療が必要な場合には，親の付き添いが必要だったり，専門医のいる遠方の病院を受診するために仕事を休んだり，あるいは退職を余儀なくされることもある。学童期になると慢性疾患の子どもの多くは，在宅での治療を続けながら学校生活を送り，病気と付き合いながら自立した社会生活を目指すことができるケースも多い。長期の療養生活を送る子どもの親や家族に対しては，専門職の援助を受けながら当事者同士が出会う機会も求められている。

3. 関係機関（かかりつけ医，母子生活支援施設等），福祉政策等との連携

　福祉や医療に関連した支援ニーズをもつ家庭については，地元のかかりつけ医や福祉関連施設の職員が身近な支援者といえる。例えば，出生後の乳児健康診査には，保健所等で実施される集団健診と小児科医による個別健診がある。地元の小児科医をかかりつけ医として，乳児健診や予防接種を受診することに

より，継続的な子どもの健康管理が可能となる。また，母子世帯や生活の困窮度が高く母親に心身の健康不安がある場合や，DV の危険性がある場合などは，福祉事務所への相談がきっかけとなって母子生活支援施設での支援につながる場合もある。

　地域の医療・福祉に関する情報は子育て支援に関する情報と同様に自治体のホームページに公開されている。保育者は地域の社会資源に関する情報を適切に保護者と共有し，子どもと家庭にかかわっていきたい。

　保育所等は地域のプラットフォームとして，保育者は人と人をつなぐ専門職として，地域社会と連携して子育てを支援することが重要である。

■引 用 文 献

1）厚生労働省：2019（令和元）年国民生活基礎調査の概況，2020
2）緒倉珠巳・野沢慎司・菊地真理：ステップファミリーのきほんをまなぶ，金剛出版，2018，p.11
3）前掲2），pp.162-166
4）小林美由紀：子どもの健康と安全演習ノート，診断と治療社，2019，p.88
5）鈴木美枝子・内山有子・田中和香菜・両角理恵：保育者のための子どもの保健，創成社，2019，p.129

■参 考 文 献

・赤石千衣子：ひとり親家庭，岩波新書，2014
・楠田聡：小さく生まれた赤ちゃん，母子保健事業団，2015
・野沢慎司・菊地真理：ステップファミリー，角川新書，2021
・末原則幸：ふたごの子育て，母子保健事業団，2014

事例検討⑪

がんばるシングルマザー〜ひとり親への支援〜

　　W さん（26 歳）は 4 歳の子どもを育てるシングルマザーである。半年前に離婚して，いまは実家近くの小さなアパートで生活している。昼間は飲食店のパート従業員として働き，子どもは保育所に通っている。

　　W さんの働く飲食店は不況の影響で閉店することになり，W さんは転職して 2 つの仕事のかけもちを始め，早朝から夜まで仕事をするようになった。

　　それまでは，子どもの保育所への送迎はほぼ毎日 W さんだったが，朝は実家に子どもを預けて出勤するようになったため，W さんの実母が子どもを送迎するようになった。W さんは実家に子どもを迎えに行き，夜遅く子どもと一緒に自宅に帰るという生活が続いている。

考　察

① W さん親子の家庭環境

　W さんはシングルマザーとして働きながら子育てをしている。ひとり親としての子育ての大変さについて，考えてみよう。

② 転職後の生活の変化

　転職後，保育所の送迎は W さんの実母となったことで，W さんと子どもの生活にどのような変化があるだろうか。W さん，W さんの子ども，W さんと子どもの関係，W さんと W さんの母親の関係などの視点から考えてみよう。

演　習

① グループの設定

　ペアワーク（2 人組）。

② 役割分担

　W さん，担任保育者

③ 場面設定

　転職した W さんが，久しぶりにお迎えにきた場面

④ ロールプレイ

　保育者役は，久しぶりに会った W さんに，保育所での子どもの様子を伝えたいと思っているが，W さんは子どもの支度を済ませたらすぐに帰りたい様子である。次の点を考慮しながらロールプレイを行う。

・すぐに帰りたそうにしている W さんにどのように話しかければよいか。

・話のきっかけ（あいさつ，声のかけ方）はとても大切である。いきなり本題に入るのではなく，雑談（例えばその日の天気やニュースなど）や，保育所での子どもの様子や姿など，日常のささいなことを話題にするとよい。

・保育所での子どもの様子を手短に伝える。

・W さんの多忙な毎日を労う言葉を考えてみよう。

・ロールプレイの後，W さん，担任保育者としてどのような気持ちになったか，振り返ってみよう。もし，ロールプレイでのやり取りがネガティブな感情経験であったとしたら，どのように修正すればよいか考えて，もう一度ロールプレイを行う。

・ロールプレイの際には，コミュニケーション手法（非言語的コミュニケーション，言語的コミュニケーション）を意識して，実践してみよう。

・W さんが「とても快活で明朗な母親」の場合と「言葉が少なく，視線を合わせにくい母親」の場合で対応の違いを考えてみよう。

第11章
子ども虐待の予防と対応
（DVを含む）

1. 虐 待 と は

（1）虐待の分類

　子どもへの虐待は，身体的虐待，性的虐待，ネグレクト，心理的虐待の4つに分類されるが（表11-1），これらが複合的であることも多い。保育者は，子どもや保護者が発する虐待につながるサインを見逃さないことが重要になる。また，虐待の背景にある家庭内の課題などさまざまな可能性を安易に否定せず，慎重さと高い意識をもって状況を広く深くとらえる視点を養う必要がある。

　なお，近年では，「子ども虐待（child abuse and neglect）」という用語ではな

表11-1　子どもへの虐待の分類

身体的虐待	殴る，蹴る，叩く，投げ落とす，激しく揺さぶる，やけどを負わせる，溺れさせる，首を絞める，縄などにより一室に拘束する　など
性的虐待	子どもへの性的行為，性的行為を見せる，性器を触るまたは触らせる，ポルノグラフィの被写体にする　など
ネグレクト	家に閉じ込める，食事を与えない，ひどく不潔にする，自動車の中に放置する，重い病気になっても病院に連れて行かない　など
心理的虐待	言葉による脅し，無視，きょうだい間での差別的扱い，子どもの目の前で家族に対して暴力をふるう（ドメスティック・バイオレンス：DV），きょうだいに虐待行為を行う　など

（資料　厚生労働省：児童虐待の定義と現状　児童虐待の定義：https://www.mhlw.go.jp/stf/sei-sakunitsuite/bunya/kodomo/kodomo_kosodate/dv/about.html）

く，子どもに対する不適切な養育やかかわり方を包括的にさす用語として「マルトリートメント（maltreatment）」が普及してきている[1]。

（2）子ども虐待の概況

2019（令和元）年度における児童虐待相談対応件数は19万3,780件（速報値）で，前年度に比べ3万3,942件（21.2%）の増加となっており，毎年過去最多を更新し続けている。相談件数の内訳は，身体的虐待が4万9,240件（25.4%増・＋9,002），ネグレクトが3万3,345件（17.2%増・＋3,866），性的虐待が2,077件（1.1%増・＋347），心理的虐待が10万9,118件（56.3%増・＋20,727）となっている[2]。主な増加要因としては，心理的虐待に関する相談対応件数の増加，警察等からの通告の増加などがあげられる。また，特に心理的虐待が増加した要因として，子どもが同居する家庭における配偶者に対する暴力がある事案（面前DV）について，警察からの通告が増加したことが指摘されている。

2. 虐待の発見・予防・対応

（1）虐待の発見

子どもへの虐待があった場合，子どもへの被害，影響を可能な限り最小限に留めるために，早期発見が重要な鍵となる。そのためには，虐待に関する基本的知識をもち合わせていることが基盤となる。

保育所等は子どもが毎日通う所であり，また長時間過ごす場所であることから，虐待を発見しやすい場であるといえる。保育者は日々継続的に子どもと接していることから，自ずとその観察眼は磨かれており，子どもが見せる普段と異なった様子としての「違和感」に気づきやすい立場でもある。子ども虐待がもつ「密室性」「自発的な訴えの困難性」という特性を考えるとき，子どもと接する機会が多い保育者が，たとえ小さなものであったとしても「違和感」＝サインを見逃さないことが，子ども虐待の発見において重要になる。そのためには，日頃からの保育者同士による意識の共有と連携も不可欠である。

（2）虐待の予防

　厚生労働省が作成した『子ども虐待対応の手引き』の第 2 章では，「子ども虐待は，身体的，精神的，社会的，経済的等の要因が複雑に絡み合って起こると考えられている。虐待発生のリスク要因は明らかにされてきており，危機状況の家族や育児困難を感じている親子を見極めるための目安としては重要である」と記されており，子ども虐待の予防に関するキーポイントとして，とりわけ，虐待のリスクとなる要因（表 11-2）を知ることと適切なリスクアセスメント（リスクの評価）の重要性が強調されている。ここでは，厚生労働省が作成する虐待評価のチェックリストをその基本形として紹介しておく（表 11-3）。

　保育者は，子ども虐待のサインを早期に発見し，発生や深刻化の予防に努

表 11-2　虐待に至るおそれのある要因（リスク要因）

保護者側のリスク要因	・妊娠そのものを受容することが困難（望まぬ妊娠，10 歳代の妊娠） ・子どもへの愛着形成が十分に行われていない。（妊娠中に早産等何らかの問題が発生したことで胎児への受容に影響がある。長期入院） ・マタニティーブルーズや産後うつ病等精神的に不安定な状況 ・元来性格が攻撃的・衝動的 ・医療につながっていない精神障害，知的障害，慢性疾患，アルコール依存，薬物依存 ・被虐待経験 ・育児に対する不安やストレス（保護者が未熟等）　　　等
子ども側のリスク	・乳児期の子ども ・未熟児 ・障害児 ・何らかの育てにくさを持っている子ども　　　等
養育環境のリスク要因	・未婚を含む単身家庭 ・内縁者や同居人がいる家庭 ・子連れの再婚家庭 ・夫婦関係を始め人間関係に問題を抱える家庭 ・転居を繰り返す家庭 ・親族や地域社会から孤立した家庭 ・生計者の失業や転職の繰り返し等で経済不安のある家庭 ・夫婦不和，配偶者からの暴力等不安定な状況にある家庭 ・定期的な健康診査を受診しない　　　等

（資料　厚生労働省：子ども虐待対応の手引き，2007）

表 11-3　子ども虐待評価チェックリスト

子どもの様子（安全の確認）	評　価
不自然に子どもが保護者に密着している	
子どもが保護者を怖がっている	
子どもの緊張が高い	
体重・身長が著しく年齢相応でない	
年齢不相応な性的な興味関心・言動がある	
年齢不相応な行儀の良さなど過度のしつけの影響が見られる	
子どもに無表情・凍りついた凝視が見られる	
子どもと保護者の視線がほとんど合わない	
子どもの言動が乱暴	
総合的な医学的診断による所見	

保護者の様子	評　価
子どもが受けた外傷や状況と保護者の説明につじつまが合わない	
調査に対して著しく拒否的である	
保護者が「死にたい」「殺したい」「心中したい」などと言う	
保護者が子どもの養育に関して拒否的	
保護者が子どもの養育に関して無関心	
泣いてもあやさない	
絶え間なく子どもを叱る・罵る	
保護者が虐待を認めない	
保護者が環境を改善するつもりがない	
保護者がアルコール・薬物依存症である	
保護者が精神的な問題で診断・治療を受けている	
保護者が医療的な援助に拒否的	
保護者が医療的な援助に無関心	
保護者に働く意思がない	

生活環境	評　価
家庭内が著しく乱れている	
家庭内が著しく不衛生である	
不自然な転居歴がある	
家族・子どもの所在が分からなくなる	
過去に虐待歴がある	
家庭内の著しい不和・対立がある	
経済状態が著しく不安定	
子どもの状況をモニタリングする社会資源の可能性	

評価 3：強くあてはまる　2：あてはまる　1：ややあてはまる　0：あてはまらない

（資料　厚生労働省：虐待通告のあった児童の安全確認の手引き，2010）

め，子どもと保護者に対して最善の支援を提供するために，虐待のリスクを見抜くための知識とスキルを身につけていくことが求められる。一方で，虐待のリスク要因やリスク評価の項目は，あくまでもそのサインを早期にキャッチするために用いられるものであって，それらが必ずしもすぐさま虐待につながるわけではないという側面も十分に理解したうえで，子どもと保護者の人権の保護に対する意識を大切にしながら適切に活用することが重要である。

（3）虐待への対応

　虐待への対応を行う際の前提として，児童虐待の防止等に関する法律（児童虐待防止法）や児童福祉法の規定により，すべての職員は虐待を早期発見する努力義務を負っており，通告の義務が課せられているということを理解しておくことが重要である。

　虐待への基本的な対応は，以下のような流れ（7つの要素）で行われる。

① 保育者の「虐待かもしれない」という気づき・一定の根拠に基づく疑い
② 担任，その他の（子どもと家庭にかかわりのある）職員同士での情報交換
③ 管理職等への相談・報告
④ 保育所等内における全職員の参加による検討会議の開催
⑤ 検討の結果に基づいた児童相談所等の関係機関への相談・通告
⑥ 関係機関との連携
⑦ ケース離れ・支援継続のための引継ぎ

　児童相談所や虐待対応の専門機関に通告する際には，虐待が行われているという確信や確定的な証拠が必要というわけではない。相談・虐待の通告は，確信がもてない場合でも，疑いがあると判断された時点で行うのが原則である。

　相談・通告先としては，地方自治体の児童相談所，子育て支援課や子ども家庭支援センター，家庭児童相談室，保育所等の所轄部署である保育課や教育委員会などがある。虐待の通告先と通告の流れは自治体によって異なるので，保育所等は相談・連絡先をあらかじめ確認しておくことが必要である。

　通告後も，通告先の機関に"丸投げ"してしまうのではなく，関係機関と連

携を図りながら対応について協議を続けることが多い。保育所保育指針では，「第4章　子育て支援」の「2. 保育所を利用している保護者に対する子育て支援　（3）不適切な養育等が疑われる家庭への支援」の中で，「保護者に不適切な養育等が疑われる場合には，市町村や関係機関と連携し，要保護児童対策地域協議会で検討するなど適切な対応を図ること」と定められている。虐待通告がされ，支援が開始されると，要保護児童対策地域協議会（以下，要対協）が設置される。要対協は，虐待を受けている子どもなどの要保護児童の適切な保護とその家族への支援を図るための関係機関の連携協議会であり，保護対象の子どもが通園している保育所等も，要対協のメンバーとして子ども，家庭への支援に関する情報や方針を他機関と共有し，連携しながら子どもを守る地域ネットワークの一員として対応をするという役割を果たしていくこととなる。

　虐待への対応のポイントとして，保育所等内においては，保育者が個人で対応することなく，職員同士がチームとして検討，対応にあたり，決して担任等の一人の保育者に対応や判断を任せることなく，また一人の保育者が抱え込んでしまうことがないように連携を図ることが重要である。

3. 保育者の役割（通報から保護，その後も含めて）

　虐待対応における保育所等（保育者）の役割については，「できること」と「できないこと」を明確にすることが，適切な判断のために重要である。

（1）保育所等（保育者）ができること

　子どもや保護者と直接かつ継続的にかかわる保育所等は，ちょっとした変化や「いつもとは違う」様子にいち早く気がつき，きめ細かに対応できるという特性があり，子ども虐待においても重要な役割を果たすことが期待される。虐待の早期発見や通告に関して，保育所等にできることは以下のような点である。

　・専門的な見地から，その家庭に対して心配を抱いた際に，関係機関に連
　　絡・相談して連携を図る。また，そのことを記録する。

・日頃からの見守りを通して，虐待の早期発見に努める。

・虐待や虐待の疑いを見つけた場合は，速やかに通告し，関係機関と連携し
ながら対応する。

（2）保育所等（保育者）にはできないこと

　保育所等には，できないことや，大きなリスクを伴うためするべきではない
こともあり，まとめると以下の通りである。

・子どもの夜間・休日における家庭生活での見守り

・全面的な家事支援

・保護者の病気・障害・依存症などへの対応

・子どもの一時保護・入院対応

・保護者（家庭）への経済的支援

・危険性・緊急性のある場合の対応（命の危機にかかわる虐待や DV，その他
保育者や保育所等の関係者に危険が及ぶリスクがある場合，単独で対応しては
ならない）

　子ども虐待に対する保育者の役割として，保護者とのかかわりについて考え
てみるとき，虐待の背景となるかもしれない保護者自身の病気や障害，経済的
な困窮などの問題は，多くの場合，家庭に深くかかわり，多面的かつ継続的な
対応・支援が必要になる。しかし，それらは保育所等が十分に対応できる専門
的な範疇を超えており，児童相談所や子ども家庭支援センターなどの他の専門
機関につなぐ必要がある。自らの限界を認めつつ，この「つなぐ」という対応
の実施も保育所等による重要な支援の一つである。

　子どもとのかかわりにおいては，虐待を受けている，虐待が疑われる子ども
の見守りは保育所等の重要な役割の一つではあるが，一日中（24 時間）見守る
ことはできない。その場合は関係機関との連携を図り，保育所等で対応が不可
能な部分における見守りを要請することが重要な役割となる。

　子どもや保護者の身に何らかの危険がせまっている可能性が高いと考えられ
る場合，保育所等が単独でかかわることは大きなリスクを伴うこととなる。

よってそのような場合には，警察や児童相談所，子ども家庭支援センターなどに連絡をすることが保育所等の果たすべき役割となる。また，虐待への対応としての一時保護や親子分離なども，保育所等にはすることができない事柄であり，専門性と役割を見極め，児童相談所などにその役割を委ねることが大切である。

その他，保育者の役割としては，前述した7つの要素（p.132）を参考にするとよいだろう。保育者は，虐待に対する気づきを大切にし，その気づきにもとづいて保育所等内の体制づくりと見守りに努め，保育所等だけでの対応が困難な場合においては各自治体の虐待通告・相談窓口に連絡し，関係機関との連携を図り，チームの一員として協働して支援に取り組み，必要に応じて関係機関へケースとそれまで保育所等が行っていた支援を引き継ぐなどのフォローアップをして，その役割を果たしていくことが重要である。

■引 用 文 献
　1）浅井春夫・所貞之編著：子ども家庭支援論 家族の多様性とジェンダーの理解，建帛社，2019，p.104
　2）厚生労働省：令和元年度 児童相談所での児童虐待相談対応件数，2020

■参 考 文 献
　・大倉得史・新川泰弘：子ども家庭支援の心理学入門，ミネルヴァ書房，2020
　・加藤尚子：虐待から子どもを守る！ 教師・保育者が必ず知っておきたいこと，小学館，2017
　・倉石哲也：保育現場の子ども虐待対応マニュアル―予防から発見・通告・支援のシステムづくり―，中央法規出版，2018
　・保育と虐待対応事例研究会：続子ども虐待と保育園 事例で学ぶ対応の基本，ひとなる書房，2009
　・保育と虐待対応事例研究会：保育者のための子ども虐待対応の基本―事例から学ぶ「気づき」のポイントと保育現場の役割―，ひとなる書房，2021
　・本郷和夫・神谷哲司編著：シードブック 子ども家庭支援の心理学，建帛社，2019

事例検討⑫

保育所でマルトリートメントがみられる事例

> 　Ｘちゃん（0歳：高月齢）を連れて登園してきた母親。最近母親は，疲れた様子で，表情も暗く，目は充血し，髪も整えられていないことが多い。Ｘちゃんが泣いて母親から離れまいとすることにため息をつき，早く離れてほしいと言わんばかりにその手をはらいのけるなど，イライラした様子が見受けられる。
> 　保育者が母親に声をかけると「毎晩夜泣きがひどく，その対応でほとんど眠れていない，何時間も抱っこをして，やっと寝たと思い，ふとんに置いたとたんにまた大声で泣き始める」「疲れてしまって，よくないとはわかっていながらも，もう我慢をすることができずに感情的になって，昨夜は大声でＸを怒鳴りつけて，叩いてしまった」とのことであった。

考　　察

　このケースの場合，特に子どもが低年齢（乳児）であることから，母親の「叩いてしまった」という発言を軽視することなく，子どもの身体に危害が及んでいないかについてよくよく注意する必要がある。一方で保育者は，母親の「怒鳴りつけてしまうこと」や「叩いてしまうこと」という行為のみに着目してしまい，その結果，自身の考えや気持ちがあわてふためき，個人的な判断によって，【叩いてしまう＝子ども虐待＝通告】といった短絡的な行動をとってしまわないように，冷静に対応することの大切さを肝に銘じておく必要がある。

　保育者に求められる支援の第一歩として，よくないとわかっていながらもわが子を怒鳴ってしまう，叩いてしまう，この母親の葛藤という「相反する気持ち」に焦点を当て，その気持ちを聴こうとする（理解しようとする）姿勢，母親の今の姿を受入れ，批判的にならず寄り添おうとする姿勢が大切である。

　そうした保育者のかかわりの姿勢は，母親の成長・回復を生み出すための必要不可欠な鍵となる，自分のしんどさ，本当の気持ちをおそれずに正直にさら

け出すことができ，それをしても批判され裁かれることがないという安心感と信頼感を基盤とした安全な「関係」「場」をつくり出し提供することになる。

こうした「関係」「場」を保育者が意図的に整えていこうとする働きかけがあってこそ，初めて母親は自分自身のあり方を振り返ることができるようになるとともに，今後どうなっていきたいかを自発的に考えることができるようになる。そして，保育者と母親の両者間でアドバイスを含め，さまざまな考えや思いを通い合わせることが可能になるのである。

演　習

① グループの設定

　３人グループをつくる。

② 役割分担

　母親役，保育者役，観察役（オブザーバー）

③ 保育者の対応の考察

　事例を読んで，保育者としてどのような対応ができるかを考えてみる。

④ ロールプレイ

　③で考えたことをもとに，ロールプレイを行う。その際に，観察役は保育者役の対応を観察し，よかった部分，改善するとさらによくなる部分について具体的にフィードバックをする。全員がすべての役割にあたるようローテーションする。

⑤ 感情（気持ち）を聴く練習

　母親の「相反する気持ち」に着目し，母親が抱いている感情とはどのようなものかについて話し合い，聴く力，共感力を高める。

⑥ 地域にある連携先の検討

　この事例から，保育所等が連携できる地域の機関などについて話し合う。

⑦ 発表と意見交換

　それぞれのグループの考えをまとめ，全体で発表し，意見交換を行う。

第12章
要保護児童等の家庭に
対する支援

1. 要保護児童とは

(1) 要保護児童の定義と現在の人数

　要保護児童とは「保護」を「必要」とする子どもであるといえる。保護が必要な子どもは昔からいたわけであるが，「保護を必要とする理由」が昔と今とでは変わってきている。

　児童福祉法第6条の3第8項に要保護児童とは「①保護者のない児童又は②保護者に監護させることが不適当であると認められる児童」と定義されている（丸番号は筆者加筆）。

　「保護を必要とする」子どもは，江戸時代であれば親から捨てられた子どもであり，戦後であれば戦争で両親を亡くした子どもであったりした。つまり，「①保護者のない児童」がこの時代での主な「要保護児童」であった。しかし，現在では上記のような「①保護者のない児童」は割合としてかなり減少しており，保護者はいるが，虐待により乳児院や児童養護施設に入所する「②保護者に監護させることが不適当であると認められる児童」が多くなっている。

　現在，子どもの人口に対して，どれだけの要保護児童がいるのだろうか。要保護児童は2019（平成31）年3月末現在で，約45,000人[1] で，2019（平成31）年4月1日時点での18歳人口は20,889,000人[2] であることから，子ども464人に1人（割合としては0.22%）が要保護児童となる。このうち，乳児院に入所している子どもが2,678人，児童養護施設に入所している子どもが

表 12-1　施設養護，家庭養護での主な要保護児童数（人）（2019 年 3 月末現在）

施設養護		家庭養護	
乳児院入所児童数	児童養護施設入所児童数	里親委託児童数	ファミリーホーム委託児童数
2,678	24,908	5,556	1,548
27,586		7,104	

（資料　厚生労働省：社会的養育の推進に向けて，2020 を参考に筆者作成）

24,908 人であり，里親・ファミリーホーム等の家庭養護に委託されている児童計 7,104 人と比べると約 3.9 倍の子どもが施設養護に措置されている（表12-1）。

　児童養護施設に入所している子どもの中には地域の幼稚園に通っている子どもおり，里親家庭の子どもが保育所に通っていることもある。こうしたことから要保護児童とその保護者への理解は施設保育士だけではなく，幼稚園，保育所，認定こども園で働く保育者であっても必要なことである。

（2）要保護児童数と養護問題発生理由の推移

　保護が必要な子ども（以下，要保護児童）の居場所としては，主に家庭養護・家庭的養護・施設養護の 3 種類に分けられる。

　2007（平成 19）年 10 月から 2017（平成 29）年 10 月までの推移（表 12-2）を見ると，児童養護施設，乳児院へ入所する子どもの数は減少しているものの，里親やファミリーホームへ委託される子どもの数は増えており，全体として要保護児童数は増えていることがわかる。また，乳児院の設置数も 2007 年が 121 か所に対し，2017 年で 140 か所，児童養護施設も 2007 年で 564 か所が 2017 年に 602 か所といずれも増加している（表 12-3）。

　現在は「②保護者に監護させることが不適当である児童」が多くなっていると述べたが，要保護児童が施設入所などの措置に至った「養護問題発生理由別児童数」は表 12-4 のようになっている。つまり，放任・怠だ・養育拒否等の虐待が施設養護，家庭養護ともに割合として最も多いことがわかる。

表12-2　10年間での施設養護・家庭養護での要保護児童数の推移（人）

	施設養護		家庭養護
	乳児院入所児童数	児童養護施設入所児童数	里親・ファミリーホーム委託児童数
2007（平成19）年	3,190	30,846	3,633
	34,036		
2017（平成29）年	2,871	26,265	6,858
	29,136		

（資料　表12-1に同じ）

表12-3　10年間での乳児院・児童養護施設設置数の推移

	乳児院設置数	児童養護施設設置数
2007（平成19）年	121	564
	685	
2017（平成29）年	140	602
	742	

（資料　表12-1に同じ）

　虐待に次いで多い入所理由としては，乳児院・児童養護施設では「母の精神疾患」「破産等の経済的理由」であり，2008（平成20）年から2018（平成30）年までの10年間で養護問題発生理由の内容に大きな変化はない。そのため，施設保育士としては要保護児童の保護者を支援するための予備知識として，子ども虐待に関する知識だけでなく，保護者の精神疾患や経済的支援に関する知識を得ておくことも必要になってくる。

　全理由に占める割合においても虐待が増えており，施設入所等に至った養護保護児童の中でも，虐待を理由とする児童数は，2008年から2018年の10年間で見ても増加しており，特に児童養護施設に関しては，2018年では45.2%となっており，約半数の子どもが虐待を受けていることがわかる（表12-5）。

表 12-4　養護問題発生理由別児童数（人）（主なもの）

乳児院

2008（平成20）年			2013（平成25）年			2018（平成30）年		
理由	児童数	構成割合	理由	児童数	構成割合	理由	児童数	構成割合
虐待	898	32.60%	虐待	852	27.10%	虐待	985	32.60%
母の精神疾患	622	18.90%	母の精神疾患	686	21.80%	母の精神疾患	702	23.20%
両親の未婚※	260	7.90%	両親の未婚※	195	6.20%	破産等の経済的理由	200	6.60%

児童養護施設

2008（平成20）年			2013（平成25）年			2018（平成30）年		
理由	児童数	構成割合	理由	児童数	構成割合	理由	児童数	構成割合
虐待	10,447	33.10%	虐待	11,377	37.90%	虐待	12,216	45.20%
母の精神疾患	3,197	10.10%	母の精神疾患	3,519	11.70%	母の精神疾患	4,001	14.80%
破産等の経済的理由	2,390	7.60%	破産等の経済的理由	1,762	5.90%	破産等の経済的理由	1,318	4.90%

里親

2008（平成20）年			2013（平成25）年			2018（平成30）年		
理由	児童数	構成割合	理由	児童数	構成割合	理由	児童数	構成割合
虐待	1,324	36.70%	虐待	1,694	37.40%	虐待	2,115	39.30%
母の行方不明者	408	11.30%	母の死亡	403	8.90%	母の精神疾患	675	12.50%
母の精神疾患	277	7.70%	母の行方不明者	388	8.60%	母の死亡	583	10.80%

ファミリーホーム

2008（平成20）年			2013（平成25）年			2018（平成30）年		
理由	児童数	構成割合	理由	児童数	構成割合	理由	児童数	構成割合
調査なし			虐待	318	38.40%	虐待	657	43.40%
			母の精神疾患	94	11.30%	母の精神疾患	211	13.90%
			父母の離婚	50	6.00%	児童の問題による監護困難	78	5.20%

※両親の離婚は 2013（平成25）年，2008（平成20）年 乳児院でのみ調査
　（資料　厚生労働省：児童養護施設入所児童等調査の概要，2009，2015，2020 を参考に筆者作成）

表 12-5　養護問題発生理由のうち，虐待を原因とする推移（人）

	2008（平成 20）年	2013（平成 25）年	2018（平成 30）年
乳児院	898（27.2%）	852（27.1%）	984（32.6%）
児童養護施設	10,447（33.1%）	11,377（37.9%）	12,210（45.2%）
里親	1,324（36.7%）	1,694（37.4%）	2,113（39.3%）
ファミリーホーム	調査なし	318（38.4%）	657（43.4%）

（資料　表 12-4 に同じ）

2. 要保護児童と家庭への支援

（1）家族再統合での施設保育士の役割（親子関係再構築）

　施設保育士には，家族関係を再構築できるような支援が求められる。虐待などの深刻なケースでは，まず子どもと保護者を分離することで子どもの安全を確保することが最優先とされるが，親子を分離することだけで虐待などの問題が解決するわけではない。そのため，ファミリーソーシャルワーカーとの連携のもとで再び親子関係を構築（家族再統合）できるような支援が求められる。

　家庭への支援を考える際に施設保育士としては，保護者への見方に気をつける必要がある。子どもが施設入所に至った理由を知ることで「なんてひどい保護者なんだ」と感情的になってしまうこともあるかもしれない。しかし一方的に保護者が悪いと決めつけるのではなく，保護者がどのような問題を抱えていることで施設入所に至ったかをまずは冷静に分析し，どのように環境を整えればよいかを判断することが求められる。

　また，支援を進めていく際には，保護者の状況に合わせながら支援を進めていくよう心がけていく。複雑な背景の保護者であるほど，施設保育士としては子どもとの関係性から経済的支援までを急いで対応を進めたくなってしまうが，支援のスピードが早すぎるとかえって保護者が疲弊してしまう危険性もある。特に制度の活用などは締め切りなどもあり，急ぎたくなってしまうが，保

護者のペースに合わせて一つひとつ着実に支援を進めていくように心がけてい
かなくてはならない。

(2) 要保護児童と里親を支援する施設保育士の役割（新しい家族関係の構築）

　家族再統合の支援とともに，施設保育士が行う支援として重要なことは，子
どもと里親家庭をつなぐ役割である。

　乳児院や児童養護施設に入所している子どもは，基本的に家庭復帰していく
ことが望ましいが，現実的にそれが難しい場合は里親家庭や養子縁組家庭への
引き取りも含めて検討していく必要がある。その際には児童相談所や各種関係
機関と連携を取っていくが，実際に子どもとかかわっているのは施設保育士で
あるため，施設保育士が子どもについて十分理解し，里親等が良好な関係を築
けるようにつなぎ役を行っていく。その役割として主に3点あげられる。

　1点目には，子どもについての理解を深めることである。里親と子どもが新
しい関係を築くためには，第一に，施設保育士がその子どもについて十分に理
解していることが求められる。例えば，子どもがどんなことに興味があるの
か，どんなことが苦手なのかなどわかっていることで，里親が子どもとかかわ
るうえでのきっかけづくりにもなっていく。

　2点目には，子どもと里親等がかかわれるような場を提供することである。
子どもが里親との関係をすぐに築くことができないため，里親が施設などに少
しずつ訪問し，徐々に関係を築いていく。最初は施設保育士が仲介していく
が，徐々に子どもと里親との時間を増やすようにしていく。その際も，子ども
が里親とともに過ごせるような状況や場所を提供することも必要となる。

　3点目には，里親等が子どもとかかわる上での助言を行うことである。里親
だからといって，子どもとの関係が常に良好であるとは限らない。里親も試行
錯誤しながら子育てを行っていく。その過程では，一般の親子同様に子育てに
関する悩みも出てくる。その際に，施設保育士としては，子育てに関する相
談，指導・助言が求められてくる。

3. 社会的養護と乳児院・児童養護施設

(1) 今後の社会的養護の方向性

　2018（平成30）年7月6日に「『乳児院・児童養護施設の高機能化及び多機能化・機能転換，小規模かつ地域分散化の進め方』について」[3] が厚生労働省から通知されており，その中で今後の乳児院・児童養護施設のあり方としては家庭養育優先の原則を進める中で，①施設での養育を必要とする子どもの養育に関し，"できる限り良好な家庭的環境"において，②高機能化された養育や親子関係再構築に向けた保護者等への支援を行うとともに，③里親や特別養子縁組を含む在宅家庭への支援等を行うといった3点が述べられている。

　つまり，今後の乳児院・児童養護施設で働く施設保育士にとっては，入所している子どもにとって家庭に近い環境づくりが求められているとともに，子どもの保護者への支援も含めて親子関係をつなぐことが役割として求められている。さらに，里親や特別養子縁組も視野に入れることが示されているため，こうした制度についての理解も求められる。

(2) 専門職との連携と施設保育士としての専門性

　また，同通知には「今後の乳児院・児童養護施設の多機能化・機能転換の方向性」として，以下の3点[3] が述べられている。

① 一時保護委託の受入体制の整備
② 養子縁組支援やフォスタリング機関（里親養育包括支援機関）の受託をはじめとする里親支援機能の強化
③ 市区町村と連携した在宅支援や特定妊婦の支援強化

　このことからも，今後の乳児院・児童養護施設は，地域の中での社会的養護を担う中心施設としての機能を強化していくことが求められている。

　また「早期の家庭復帰や養子縁組，里親委託等に向けて，心理職等の専門職との協働や医療機関とも連携して子どもや保護者等への支援を行うこと」[3] と

されていることからも，施設保育士には，各種専門職や地域の社会資源についての理解や連携も求められていることがわかる。

　乳児院や児童養護施設に入所している子どもとその家族は，複雑な背景を抱えていることが多く，保育士だけでは問題を解決できないことがある。例えば，家庭支援専門相談員は児童相談所や学校などの関係機関との連絡調整や家族再統合に向けての保護者への相談支援を行っていく。また，里親支援専門相談員は児童相談所との連携のもと，家庭復帰が難しい子どもと里親をつなぐことや，施設から里親委託した家庭への相談支援を行う。

　施設保育士は子どもとのかかわりが中心となるため，まずは入所してきた子ども一人ひとりと向き合い，発達上で問題がないか，基本的生活習慣はどうか，他の友だちをはじめ人とのかかわりはどうなのか等を把握していく。そして，子どもとかかわるうえで得た情報を家庭支援専門相談員（ファミリーソーシャルワーカー）や里親支援専門相談員（里親支援ソーシャルワーカー）と共有し，お互いに情報交換をすることで，保護者に対してどのような支援を行っていくかを考えていく。そのため，施設保育士としては，その専門性を自覚するとともに，施設保育士としての限界も認識し，どういった場合にどの専門職につなげばよいかを認識しておく必要がある。

■引用文献

1）厚生労働省：社会的養育の推進に向けて，2020，p.2
2）総務省統計局：人口推計日報（2019年4月1日現在）
3）厚生労働省：「乳児院・児童養護施設の高機能化及び多機能化・機能転換，小規模かつ地域分散化の進め方」について，子発0706第3号，2018

■参考文献

・大嶋恭二・金子恵美編著：保育相談支援，建帛社，2011
・大竹智・山田利子編：保育と社会的養護Ⅰ，みらい，2020
・柏木ハルコ：健康で文化的な最低限度の生活　第7巻，小学館，2018
・柏女霊峰，橋本真紀編著：保育相談支援，ミネルヴァ書房，2011

事例検討⑬

虐待による要保護児童とその家族に対する支援事例

　ある児童養護施設施設に来週から３歳のＹ君（男児）が入所してくる。児童相談所からは以下のような情報を得ている。

　Ｙ君の母親のＺさん（23歳）は，未婚でＹ君を出産したが，父親が誰かは明確にはわかっていない。Ｚさんは高卒で地元の飲食店に就職したが，１年ほどで退職。その後はアルバイトを転々としている。

　Ｚさんには同居する両親（Ｙ君から見た祖父母）がいるが，Ｙ君を両親に預けて遊びに出かけることも多く，保育所の迎えも行かずに，そのまま朝まで帰ってこないことが多々あった。Ｙ君が言うことを聞かないとＺさんは叩く，暴言を吐くなども日常的にあったそうである。祖父母はＹ君をかわいがっているものの，祖母に持病があるため，Ｙ君の面倒を見ることに負担を感じるようになってきた。そんなある日，Ｚさんが家を出て１週間帰らなかったため，祖父母が見かねて児童相談所に連絡し，Ｙ君を一時保護の後，児童養護施設に入所となる。

　Ｙ君は児童養護施設に来る前に地元の保育所にいたが，オムツも取れておらず，同じクラスの友だちに対してもすぐに手を出したり，噛み付いたりすることもあったそうである。担任の保育士によると，身の周りのことは３歳児にしては少々遅れている様子がみられ，表情にも乏しいとのことである。

考　察

　要保護児童の家族は複雑な事情を抱えていることがある。そのため，まずは子どもと保護者の置かれている状況を一つずつ整理し，どのような機関や専門職と連携し，制度を活用していけるかという可能性を一つひとつ探り，子どもと保護者の置かれている状況を客観的に「見える化」する必要がある。状況を整理したうえで，子どもと家庭に対してどのような支援を行っていったらよいかを考えていく。

演　習

4～5人ずつのグループに分かれて，以下の手順で事例を考えてみる。

① 事実と疑問を分けて整理する

「わかること（事実）」「わからないこと（疑問）」の2点を「子ども」と「家族」に分け，下記の表に書き出す（例：わかること（事実）→ Z さんは両親と同居している，わからないこと（疑問）→ Y 君の父親はどこにいるのか）。

アセスメントを行うためには，ある程度の予測を立て，「どういった情報を得る必要があるか」を事前に考えておく必要がある。本事例も必要な情報としては十分ではないため，さまざまな可能性を視野に入れていく。

表　子ども・家族別での事例の整理

	（事実） わかること	（疑問） わからないこと
子ども		
家族		

② 入所後の支援の方針を考える

児童相談所からの事前情報を事実と疑問に分けて整理したうえで，実際に Y 君が入所してきた際にはどのような支援を実施していったらよいかを考える。考えがまとまったら，グループごとに発表していく。

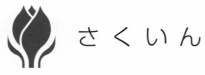

さくいん

あ行

アセスメント ……… 34, 59
アレルギー疾患 ……… 121
アレルギーマーチ …… 121
イーガン ……………… 60
一時預かり事業 …… 44, 88
一時保育 …………… 44, 78
イヤイヤ期 …………… 92
医療機関 ……………… 47
インターベンション
　………………… 34, 59
インテーク ……… 34, 59
インフォーマル ……… 39
エコマップ …………… 32
エバリュエーション
　………………… 34, 59
園行事 ………………… 76
延長保育 ……………… 77
親子関係支援 ………… 6
親育ち支援 …………… 6

か～け

外国籍 ……………… 106
カウンセリング ……… 13
学童保育 ……………… 45
家族再統合 ………… 142
家庭支援専門相談員 … 145
家庭児童相談室 ……… 44
感覚過敏 ……………… 96

気になる子ども ……… 94
虐待 ……………… 128
休日保育 ……………… 78
教育委員会 …………… 47
記録 ………………… 29
経過観察 ……………… 34
言語的コミュニケーション
　技法 ……………… 62

こ

公共職業安定所 ……… 45
子育ち支援 …………… 6
孤育て ……………… 24
子育て環境支援 ……… 6
子育て拠点 ………… 89
子育て支援 …………… 1
子育て短期支援事業 …… 43
子ども虐待対応の手引き
　………………… 130
子ども・子育て支援
　新制度 …………… 85
子ども・子育て支援法 … 85
子どもの過疎 ………… 3
子どもの権利条約 …… 4
子どもの最善の利益 …… 4
子どもの貧困対策の
　推進に関する法律 … 110
子どもの貧困率 ……… 108
個別面接 ……………… 57

さ・し

里親支援専門相談員 … 145
ジェネラリスト ……… 11
ジェノグラム ………… 32
支援計画 ……………… 36
視覚障害 ……………… 95
事後評価 ………… 34, 59
事前評価 ………… 34, 59
肢体不自由 …………… 95
児童委員 ……………… 48
児童家庭支援センター … 43
児童相談所 ……… 43, 46
児童の権利に関する条約
　………………… 4
児童発達支援 ……… 100
児童福祉司 …………… 47
自閉症スペクトラム障害
　………………… 95
社会資源 ……………… 39
就学相談 …………… 101
主任児童委員 ………… 48
受理面接 ……………… 34
ショートステイ ……… 43
食物アレルギー …… 121
身体障害 ……………… 95
身体的虐待 ………… 128
信頼関係 ……………… 8
心理的虐待 ………… 128

す－そ

水平型の支援……………… 13
すくすくサポート
　プロジェクト……… 119
ステップファミリー… 119
生活保護……………… 45
精神保健福祉センター… 45
性的虐待……………… 128
絶対的貧困…………… 108
相対的貧困…………… 108
相談援助……………… 23
相談支援……………… 54
相談支援技法………… 60

た行

第一次反抗期………… 92
多胎児………………… 122
地域子育て支援拠点事業
　………………… 44, 85
地域子ども・子育て支援
　事業………………… 85
知的障害……………… 95
注意欠如・多動症……… 95
聴覚障害……………… 95
低出生体重児………… 123
閉じられた質問……… 63
ドローター…………… 98

な行

内部障害……………… 95
乳幼児家庭全戸訪問事業
　………………… 121
ネグレクト…………… 128
ネットワーク型ステップ
　ファミリー………… 120

は・ひ

配偶者暴力相談支援
　センター…………… 46
バイステック………… 57
発達障害……………… 95
ハローワーク………… 45
非言語的コミュニ
　ケーション技法……… 60
ひとり親家庭………… 118
病児保育……… 41, 42, 78
開かれた質問………… 63
貧困…………………… 108
貧困率………………… 108

ふ－ほ

ファシリテーター……… 24
ファミリー・サポート・
　センター………… 43, 87
フォーマル…………… 39
フォスタリング機関… 144
福祉事務所…………… 44
プランニング……… 34, 59
ペアレンティング
　プログラム………… 90
保育参観・参加……… 76
保育所等訪問支援…… 100
保育所保育指針
　……… 26, 40, 54, 87, 132
放課後児童健全育成事業
　………………… 44
放課後児童クラブ……… 45
放課後等デイサービス… 45
保険師………………… 48
保健センター………… 43

ま行

マザーズハローワーク… 45
マタニティーブルーズ
　………………… 120
マルトリートメント
　………………… 27, 129
慢性疾患……………… 124
民生委員……………… 48
モニタリング………… 34

や・よ

夜間保育……………… 78
幼稚園教育要領……… 88
要保護児童…………… 138
要保護児童対策地域
　協議会………… 46, 133
幼保連携型認定こども園
　教育・保育要領……… 88

れ・ろ

連絡帳………………… 75
ロジャーズ…………… 57

欧文

sosial resources ……… 39
Biestek, F. P.………… 57
Rogers, C.…………… 57
Eagan, J.……………… 60
SOLER ……………… 60
ADHD ……………… 95
ASD ………………… 96
Drotar, D.…………… 98
single-parent family… 118
step family…………… 119
NICU ………………… 123

執筆者・執筆担当

_{おお た} _{みつひろ}
太田　光洋　　長野県立大学健康発達学部教授　　　　　第1章, 第3章

_{え むら} _{あや の}
江村　綾野　　川村学園女子大学教育学部准教授　　　　第10章

_{おか だ} _{けんいち}
岡田　健一　　九州大谷短期大学准教授　　　　　　　　第4章, 第8章

_{お やま} _{けん}
小山　顕　　　聖和短期大学講師　　　　　　　　　　　第11章

_{たかした} _{あずさ}
高下　梓　　　松本看護大学看護学部講師　　　　　　　第9章

_{てら い} _{ち か}
寺井　知香　　梅光学院大学子ども学部特任准教授　　　第6章

_{なかやま} _{とも や}
中山　智哉　　長野県立大学健康発達学部准教授　　　　第5章

_{ひめ だ} _{とも こ}
姫田　知子　　四国大学短期大学部講師　　　　　　　　第7章

_{ひらさわ} _{いちろう}
平澤　一郎　　長岡こども・医療・介護専門学校講師　　第12章

_{ふたかた} _{り き}
二方　龍紀　　清泉女学院短期大学准教授　　　　　　　第2章

シードブック
子育て支援演習

2021 年（令和 3 年）8 月 10 日　初 版 発 行

編 著 者　　太 田 光 洋

発 行 者　　筑 紫 和 男

発 行 所　　株式会社 **建 帛 社**
　　　　　　　　　 KENPAKUSHA

〒 112-0011　東京都文京区千石 4 丁目 2 番 15 号
　　　　　　　T E L　　(03) 3 9 4 4 - 2 6 1 1
　　　　　　　F A X　　(03) 3 9 4 6 - 4 3 7 7
　　　　　　　https://www.kenpakusha.co.jp/

ISBN 978-4-7679-5133-1　C3037　　　　　教文堂 / 田部井手帳
ⓒ太田光洋ほか，2021.　　　　　　　　　　Printed in Japan
（定価はカバーに表示してあります）